世界史の実験

柄谷行人
Kojin Karatani

Eurus
Notus
Boreas
Zephyrus

JN158926

岩波新書
1762

目　次

第一部　実験の史学をめぐって

I　柳田国男論と私

1

これから「世界史の実験」という問題について話そうと思います。といっても、実は私が話すのは、柳田国男が一九三五年に書いた「実験の史学」という論文についてです。四十数年前に柳田論を書いたときにも、それについて言及したのですが、最近になって根本的に考え直した。先ずその経緯をお話しします。

私は一九六〇年に大学に入ったのですが、学部では経済学を専攻し、それから大学院の英文科に進みました。しかし、学部の半ば頃から、将来文学批評をやろうと考えていました。というのも、文学批評なら、自分が興味をもつことを何でもできるのではないか、と思ったからです。実際、私には考えたいことが沢山ありました。しかし、先ず狭義の文学批評から始めなければならない。そもそも私は、文学でなければ扱えないような問題をかかえていたのです。

私は一九六九年に夏目漱石論で群像新人文学賞(評論部門)を受賞した後、文学評論を数多く書き、一九七二年にそれらを『畏怖する人間』、つぎに『意味という病』という本にまとめました。しかし、その後、文学評論が物足りなくなってきて、一九七三年ごろに、文学以外の評論を試みました。その一つは「マルクスその可能性の中心」で、もう一つは「柳田国男試論」です。それぞれ雑誌に連載したのですが、対象が異なるとはいえ、ほぼ同じ時期に構想し準備していたものです。だから、それらは必然的に交錯するものでした。

例えば、マルクスに関して、「その可能性の中心」を見るというのは、何を意味するのでしょうか。マルクスは体系的な思想家だと考えられています。そして、それは史的唯物論、弁証法的唯物論、あるいは『資本論』に見出される。日本ではそのころ、吉本隆明が初期マルクス(疎外論)、廣松渉が中期マルクス(史的唯物論)に依拠して、マルクスの思想を新たに体系的に把握しようとしていました。しかし、私が考えたのは、それらと異なることです。私は後期の『資本論』に依拠してマルクスを考えた。とはいえ、それは、経済学者宇野弘蔵がいうこととも違っていました。

いうなれば、私はマルクスの思想の核心を、通常彼の著作において中心であると見なされていたような所ではなく、周縁に求めたのです。しかし、私がそのように考えたとき、マルクス自身の言葉からヒントを得た、といえます。彼は一八五八年に、ラサール宛書簡で、かつて学位論文として書いた「デモクリトスとエピクロスの差異」に関して、こう述べた。

> 君がこの仕事で克服しなければならなかった困難は、僕も約一八年まえにもっとずっとやさしい哲学者エピクロスについて似たような仕事――つまり断片からの全体系の叙述をやったので、僕にはよくわかっている。ついでだが、この体系については、ヘラクレイトスの場合と同じように、体系はただそれ自体エピクロスの著作のなかにあるだけで、意識的な体系化のなかに存在しなかった、と僕は確信している。その仕事に体系的な形をあたえている哲学者たち、たとえばスピノザの場合でさえ、彼の体系の本当の内的構造は、彼によって体系が意識的に叙述された形式とはまったくちがっている。（マルクスからフェルディナント・ラサール（在ベルリン）へ、一八五八年五月三一日『マルクス＝エンゲルス全集　第29巻』大月書店）

私はマルクスの「体系」について、同様に考えようとしたわけです。『資本論』はヘーゲルの論理的体系にもとづいて書かれているのですが、マルクスの「内的体系」はそこにはない。

では、どこに見出すべきでしょうか。経済学では、アダム・スミス以来、生産が中心で、交換は二次的なものと見られていますが、私の見る限り、マルクスは生産よりも交換を重視したのです。そもそも物の「価値」は交換において生じるのだから。そして、交換はけっして容易なことではありません。物々交換も難しいし、貨幣による交換も難しい。例えば、マルクスは商品が貨幣と交換されることに「命がけの飛躍 salto mortale」を見出しています。スミスは、商品の価値はその生産に要した労働(時間)だというのですが、そもそも商品は売れなければ価値がない。のみならず、廃棄されてしまいます。

ちなみに、ヘーゲルの観念論的な哲学は、精神による「生産」活動をとらえたものですが、ここには他者との「交換」という契機が欠落しています。それは、ヘーゲル哲学を単に〝唯物論的に転倒〟しても出てこない。せいぜい弁証法的唯物論と称する観念論になるだけです。ヘーゲル哲学を真に「転倒」するためには、生産ではなく、交換という観点が必要なのです。その意味で、ヘーゲル哲学を「転倒」した思想家として注目すべきなのは、『死にいたる病』を書いたキルケゴールでしょう。彼はいわば「交換」を重視したのです。例えば、彼は神への信仰を「命がけの飛躍」と呼び、さらに、それをなしえない状態を「絶望――死にいたる病」と呼びました。マルクス的にいえば、それは売れなかった商品、つまり交換に失敗した商品のようなものです。この点で、対象が異なるにもかかわらず、マルクスとキルケゴールは、同じ問題を考えていたといえるのです。二人は同時代人でもありました。

このような視点は、哲学にも経済学にも見出せなかった。だから、私はそれを文学評論として書いたのです。現在私は「生産様式から交換様式へ」(『世界史の構造』)ということを唱えていますが、そのような考えの始まりはこの時期にあったといえます。要するに、私はマルクスに関して、人が見ようとしない何かを見ようとした。それが私のいう「マルクスその可能性の中心」です。

一方、私は柳田国男についても、同じようなことをやったといえます。柳田国男の学問は、雑多な領域、文学、農政学、民俗学、人類学、宗教学、言語学などの領域に及ぶ。それは体系的ではないし、体系化することも難しい。ゆえに、当時それは「柳田学」と呼ばれていました。そう名づけるほかなかったからです。それに対して、吉本隆明は、こう批判しました。《柳田国男の方法を、どこまでたどっても「抽象」というものの本質的な意味は、けっして生れてこない。珠子玉と珠子玉を「勘」でつなぐ空間的な拡がりが続くだけである》(「無方法の方法」)。そして、彼は柳田国男の『遠野物語』を材料にして、『共同幻想論』を書いた。つまり、「数珠玉」を集めた柳田の本をもとにして、それらを「抽象」し、ヘーゲルにもとづく体系的な認識を提示しようとしたわけです。

しかし、私が柳田国男試論を書こうと思ったのは、それに対して異議があったからです。私はつぎのように書きました。


吉本〔隆明〕氏は柳田の方法を「無方法の方法」とよんだが、私はそうは思わぬ。彼の中には一貫した方法がある。たしかに、柳田学は体系的ではない。それなら、モンテーニュの『エセー』が体系的でないという理由で、これを利用すべき(キリスト教徒も反キリスト教徒も)なまの素材といってよいだろうか。モンテーニュの『エセー』には、その叙述形式とはべつに一つの明瞭な内的体系がある。

同じように、柳田学の中にも一見そうみえるものとはべつの一つの内的体系がある。それをつかむかわりに、柳田学を体系化しようとすることは〝抽象〟の本質とは無縁である。むしろ柳田は、その種の抽象が自己完結したとたんに、いつも別の相貌を以てあらわれる。私は何を知っているか、という永遠的な問いかけがそこにあらわれるのである。(「柳田国男試論」『柳田国男論』インスクリプト)

いいかえれば、ここで私は「柳田国男その可能性の中心」を書こうとしたのです。しかし、そのように啖呵を切ったものの、私は柳田国男の仕事に「内的体系」あるいは「方法」を見出すことに成功した気がしなかった。もう少し時間をかけて考えてみよう、と私は思いました。その機会がまもなく訪れた。と同時に、その機会が失われたともいえます。

私はその翌年、一九七五年に渡米し、イェール大学で明治文学について講義することになったのです。しかし、明治文学全般について論じるほどの専門知識はない。だから、私の講義は、柳田国男論で考えたことを中心にするものでした。その時に考えたことを、のちにまとめて、『日本近代文学の起源』(一九八〇年)を書きました。それを読んだ方はご存じだと思いますが、私は先ず「風景の発見」という主題を論じた。いうまでもなく、これは柳田国男論から来るものです。風景が、近代文学、というより、近代の思想において鍵となる問題であることを、柳田について考えたときに悟ったのです。

『日本近代文学の起源』には、他に柳田に直接に関連するものとして、「児童の発見」という一章があります。柳田は、近代文学とともに始まった「童話」に対して否定的でした。かつて昔話は、大人と子供の区別なく語られた。だから、残酷で、卑猥な所が多い。子供はわかる範囲でそれを聞いていたのです。ところが、近代において、昔話は、グリム童話がそうであるように児童向けに書き直された。しかし、このような「児童」は、近代において創り出されたものにすぎない。つまり、風景と同様に、それは近代の制度である。もちろん、童話だけでなく、大人の文学(近代文学)もその中に入るのですが。

その意味で、私はイェール大学で、柳田国男論を再考したといえます。しかし、実は、それとともに柳田についての関心が消えてしまった。かわって関心が大きくなったのは、「マルクスその可能性の中心」の方です。私はイェールで知り合ったポール・ド・マン教授に見せるために、「マルクスその可能性の中心」を英語に訳すとともに、大幅に書き直した。その時点で、「群像」に発表した当初のものとは、かなり異なる視点をとったのです。具体的にいうと、商品交換を一種のコミュニケーションとして見る言語学的な観点に立ったといえます。これは、一九七八年に『マルクスその可能性の中心』として本にしました。

それ以後私は、他者との交換=コミュニケーションに存する問題を根本的に考え直そうと試みました。この延長線上にある考察を言語論そのもの、さらに、数学基礎論へと進めた。八〇年代以後は、「探究」と題した連載で、哲学的な仕事を続けました。『探究Ⅰ』から『探究Ⅱ』へ。続いて「探究Ⅲ」を書いていたとき、私は「交換様式」を着想しました。だから「探究Ⅲ」は、最終的に『トランスクリティーク』と改題して本にしました。それが二〇世紀の末です。しかし、そこで片づいたわけではない。「交換様式」の問題に本格的に取り組んだのは、むしろそれからです。そして、それが一段落したのが、『世界史の構造』(二〇一〇年)においてです。

この間、柳田国男に関しては、ほとんど書かなかった。柳田について再考し始めたのは、二〇一一年、東北大震災のあとです。私は大勢の死者が出たことに震撼させられた。それで、柳田が第二次大戦末期に書いた『先祖の話』を読み返したのです。私は学生時代にこれを読んで感銘を受けました。実は私には、学徒動員によってルソン島で戦死した叔父がいました。私に彼の記憶はないのですが、家に飾られていた彼が角帽をかぶり馬に乗った写真を毎日眺めながら育ったのです。柳田の本を読んだとき、彼の霊はどうなったのだろうか、と考えた。

その次に『先祖の話』を読み返したのは、一九九五年神戸淡路大震災のときです。私は母が尼崎市に住んでいたので、地震のあと駆けつけたのですが、そのとき『先祖の話』を読み返しました。同様に、東北大震災のあとも、『先祖の話』を読み返した。また、『遠野物語』に津波と幽霊の話があったことを想い出しました。最近、東北の津波に襲われた地域で多数の幽霊が出没しているという話を聞きましたが、私は別に驚かなかった。二〇一二年の時点で、すでに、いとうせいこうが小説『想像ラジオ』で、それを書いていたこともあります。実は、彼もそれを柳田国男から着想したのです。*

＊　私は二〇一三年に、いとうせいこうと、「柄谷行人×いとうせいこう　先祖・遊動性・ラジオの話」と題する対談を行った（「文學界」二〇一四年一月号）。なお、これは http://www.kojinkaratani.com/jp/essay/post-90.html に「『想像ラジオ』と『遊動論』」として収録されている。

とはいえ、私が震災後に柳田について全面的に再考しようとしたのは、前年に、『世界史の構造』を出版したからだと思います。つまり、そこで確立した観点から、柳田の考えたことを見なおすようになった。例えば、柳田がいう「山人《やまびと》」を〝原遊動民〟として見ることができるのです。それについては、『遊動論――柳田国男と山人』（文春新書、二〇一四年）で論じましたが、本書の第二部で、さらに詳しく考察しています。

柳田について再考しようとしたもう一つのきっかけは、二〇一二年の秋、北京の清華大学で講義したときの経験です。私の『日本近代文学の起源』は二〇〇三年に翻訳されるとすぐに、中文（中国文学）研究の必読文献となったと聞かされました。というのも、中国の近代文学は実質的に、日清戦争後に日本に留学した人たちによって担われたものだからです。私は日清戦争で従軍記者として活躍し名声を得たのに、戦後、虚無感から北海道に移住しようとした人物、すなわち、柳田の友人であった国木田独歩を中心にして、「日本近代文学の起源」を論じました。しかし、それを書いていた時点ではまったく考えていなかったことがあります。「日本近代文学の起源」が「中国近代文学の起源」と深く連関するということです。

いま述べたように、日本との戦争で敗れた清朝は大量の留学生を、欧米ではなく日本に送りこんだ。その中に、医学を学びに来た魯迅、その弟の周作人らがいました。その意味で、「日本近代文学」が日清戦争で勝利した側から生まれたとすれば、「中国近代文学」は敗北した側から生じた。したがって、私は、「近代文学の起源」を見るためには、その両面から見なければならない、と考えるようになったのです。

また、私は中国の学生との交流を通して、国木田独歩が早くから中国語に訳され知られていたことを知りました。さらに、魯迅の弟、周作人が日本に滞在していたとき、柳田国男を翻訳したこと、また、魯迅自身も故郷江南の紹興《しょうこう》に帰った時、その地方の説話類を収集して『会稽《かいけい》郡故書雑集』を編んだことなどを知った。魯迅の小説はそこに根ざしています。ゆえに、それは柳田的な意味での「近代文学批判」をはらんでおり、またそうであるがゆえに彼を特異な作家にしているといえます。そのことは、「中国近代文学の起源」のみならず、近代文学の起源を世界史的に考える上でも、重要なことだと思いました。

さらに、私が柳田について全面的に再考しようと思った直接のきっかけは、北京の中央民族大学で遊動民について講演したことです。この大学では、学生も教師も、多くが少数民族出身です。いわば少数民族が自身を研究する機関であるといえます。私はその時、遊動民について話そうとしたのですが、思えば、聴衆が遊動民的な少数民族なのです。具体的にいえば、遊牧民ないし山地民です。その上、数年前には、『石器時代の経済学』を書いたアメリカの人類学者、マーシャル・サーリンズが来て講演したと聞いたので、緊張して草稿を用意しました。私にとって、柳田国男のいう「山人」が急に身近に思われたのは、その時です。

私は二〇一三年、中国から帰国後、柳田国男について『遊動論――柳田国男と山人』を書き、同時に、四〇年前に書いたままにしておいた柳田論を『柳田国男試論』(インスクリプト)として、手を加えることなく出版しました。くりかえすと、私は二〇一〇年に『世界史の構造』を出版し、さらに、二〇一三年に柳田論を書いたわけですが、それによって、四〇年前に並行していた二つの主題――マルクスと柳田国男――が再結集したことになるのです。

むろん、そこで話は終わるわけではない。『遊動論』を書き終えたあと、私はまた物足りなく感じ始めたのです。そこでは、確かに柳田の諸テーマが新たな角度から考察されている。ただ、それはまだ、「内的体系」として把握されているとはいえない、と私は思いました。それについて再考しようとしたのですが、うまくいかなかった。ところが、最近、ある本を読んで閃めきを感じたのです。先ず、それについて話すことにします。

2

私が柳田について再考しようと思ったのは、ジャレド・ダイアモンドらの『歴史は実験できるのか』という本を読んだことがきっかけでした。この本が柳田国男の「実験の史学」という論文(一九三五年)を想起させたのです。最初に述べたように、私は昔からこの論文に注目していたのです。

それについて述べる前に、先ずダイアモンドらが書いた本について、簡単に説明しておきます。「歴史は実験できるのか」というのは邦題で、原題は *Natural Experiments of History*(歴史の自然実験)です。確かに、歴史の自然実験と聞けば、「歴史は実験できるのか」と問いたくなるでしょう。実は、実験は可能である。ただし、それは実験室での操作的実験のようなものとは違います。自然実験とは、多くの面で似ていてその一部が顕著に異なるような複数のシステムを比較することによって、それらの違いが及ぼす影響を探究する方法です。

自然実験という考えを創始したのはダーウィンだといえます。彼は、ガラパゴス諸島のマネシツグミと南米のマネシツグミの関連性に気づき、ウォレスとともにそれを考察した。ダーウィンは、古い島に棲む鳥の祖先が新しい島に渡り、その環境に適合して別の種類になった、と推測したのです。彼はそこから、一般に種の進化について考えた。ちなみに、自然実験の「自然」は、自然が実験する主体だという意味ではありません。それは、ダーウィンが言い始めた「自然選択（自然淘汰）」の「自然」と相似的です。つまり、自然選択といっても、自然自身が選択するということではない。ただ、あたかも自然がそうはからったかのように見るということです。自然実験も同様で、自然という主体が実験するわけではない。実際は、人間による比較分析なのです。

『歴史は実験できるのか』（歴史の自然実験）は、ダイアモンドがその友人らとともに書いた共著で、歴史学、考古学、経済学、経済史、地理学、政治学などの多岐にわたる領域を対象にしています。共通するのは、それらがそれぞれ、「自然実験」という方法によって行われていることです。

自然実験がどういうものかを説明するために、その一つとして、ダイアモンド自身がこの本で示した例を見てみます。それは、カリブ海のイスパニョーラ島にある二つの社会、ハイチとドミニカの比較研究です。現在は、経済的に見て、ハイチが際立って貧しいのに、ドミニカはまだ途上国であるとはいえ、相対的に豊かです。しかし、一九世紀まではその逆であった。この逆転がなぜ生じたかを見るのが、ダイアモンドによる「自然実験」です。

彼の観察によれば、この違いは、ハイチがフランスの植民地となり、ドミニカがスペインの植民地になったことに発しています。ハイチでは早くからフランスによる開発が進んだ。原住民がいなくなったので、アフリカから奴隷が連れて来られ、その帰りの船で、ハイチの材木がフランスに運ばれた。その結果、二つの現象が生じました。一つは、森林がなくなったことであり、もう一つは、互いに言語が通じない人たちが集まったので、クレオール語、つまり、多くの言語が入り交じった新言語が形成されたことです。それに対して、ドミニカには森林が残り、先住民の文化が残った。また人々はスペイン語を話すので、中南米諸国とのつながりがあります。同じ自然環境の島なのに、このような違いが生じたのです。

つぎに、私にとって最も興味深かった例として、パトリック・V・カーチによる、太平洋のポリネシア諸島の間に生じた歴史的変異の比較分析について話しておきます。太平洋の島々は、メラネシア、ミクロネシア、ポリネシアに分けられます。ポリネシアはその中で最も範囲が広く、多数の島からなっています。ただ、ポリネシアの人々の故郷は、トンガやサモアであり、そこに紀元前に、中国南部・東南アジアから台湾を経て渡来したと想定されています。近年の遺伝子解析によって、ポリネシア人と台湾の山地民が同一起源であることが判明したからです。トンガやサモアにいたポリネシア人は、紀元一〇〇〇年ごろに、周辺の諸島に移住を開始し、最果ての地、ハワイまで進出した。そのことは、彼らの言語がさまざまに変容しつつもポリネシア祖語にもとづいていることからも明らかです。しかし、これらの諸島の間には、社会的組織の点で著しい差異があるのです。たとえば、ハワイでは一七世紀に王国が生まれたのに、他の島々は基本的に首長制社会です。

では、五〇〇年ほどの間に、なぜ、いかにして、そのような差異が生じたのか。それらの島を比較考察することによって解明するのが「歴史の自然実験」です。このような実験をすれば、人類史・世界史において、政治社会的組織の変異がいかに生じたかを見ることができるかもしれない。というより、それ以外には、結局、文献や遺跡・遺物をもとに推測するしか方法がありません。その場合でも、他の地域との「比較」が必要になります。その変化が外からの影響によるかもしれないからです。その点で、アンデス山脈の地域が絶好の参照例となっています。ここには、狩猟採集民からインカ帝国にいたる歴史的変化が、外部からの影響なしに生じた跡が残っているからです。

3

実は、私は以前に、ダイアモンドの『銃・病原菌・鉄』や『文明崩壊』を読んで、その視野の広さ、着眼の奇抜さに驚嘆しました。ただ、私は、彼のこのような歴史認識が、一貫して「自然実験」という方法にもとづいていることに気づかなかった。もう一つ、彼の本に書いてあったにもかかわらず留意しなかったことがあります。それは、彼が、若いとき進化生物学者としてフィールドワークをしたニューギニアの島に、その後も定期的に訪れ、そこをいわば定点観測の場として、世界史を通観してきたということです。『銃・病原菌・鉄』を読み返して見ると、確かに、今述べたポイントが書かれていました。

この問題に対する私自身の見方は、過去三十三年間、ニューギニア人たちといっしょに野外研究活動をしてきた経験からきている。私は、ニューギニア人たちと行動をともにしはじめたときから、平均的に見て彼らのほうが西洋人よりも知的であると感じていた。周囲の物事や人びとに対する関心も、それを表現する能力においても、ニューギニア人のほうが上で

あると思った。(『銃・病原菌・鉄』草思社文庫)

このように、きわめて短期間のうちに同じ祖先を持つ人びとが異なる環境の島々に移り住んだ。現代のポリネシア人のもともとの祖先は、本質的には同じ文化・言語・技術を持ち、同じ種類の動植物を育てていたのである。したがって、ポリネシアの歴史の変遷は、自然による実験の条件を備えているといえよう。環境への適応について理解しようとするときにしばしばさまたげになるような問題もなく、人間が異なる環境にどのように適応していったかを調べることができる。(同前)

ところで、私が『歴史は実験できるのか』を読んで、とりわけポリネシアの島々に関して自然実験を試みた論文を読んで興奮を覚えたのは、かつて柳田国男がそれと似たことを考えていたのではないか、と思ったからです。

柳田はもともと太平洋の島々に関心を持っていました。海軍軍人で太平洋諸島の事情に通じていた、弟の松岡静雄からの影響もあったでしょう。静雄は言語学・民族学を研究し、『太平洋民族誌』(一九二五年)、『ミクロネシア民族誌』(一九二七年)などの著作を数多く書いています。

柳田が一九二一年にジュネーブの国際連盟委任統治委員に就任したのは、そこでも、太平洋の島々の委任統治という職務を通して研究ができると考えたからでしょう。それについては後述します。

柳田はその後、「実験の史学」という論文（一九三五年）を書きました。私は四〇年前の「柳田国男試論」でこの論文を取り上げ、柳田は民俗学者ではなく、民俗学を方法とした歴史家であると述べました。ただ、柳田はその後、「実験」について言及しなかったし、私もそのことを深く考えないできました。しかし、今、柳田のこの論文を読み返すと、面白い。例えば、「実験の史学」といったとき、柳田も「歴史は実験できるのか」という反問に出会うことを予期していたのです。だから、つぎのように書いています。

真相はしばしば隠れておりまた仮装している。これを看究《みきわ》めるには幾つとなき比較を要し、また反覆した観察を要し、さらにまた過去の見聞の整理と、用意ある採集手段とを必要とする。実験は必ずしも顕微鏡ないしは試験管などの操作ではない。生態観測や天文気象等の、人力で作り得ない事実を知る人々はよく理解するであろうが、実験というのは素養ある者の、計劃あり予測ある観察のことである。これには忍耐と、疑いを解こうとする熱情とを要する

のである。(「実験の史学」『柳田國男全集27』ちくま文庫)

柳田は自らの史学の方法を「実験」と呼ぶ以前には、「比較研究」と呼んでいました。そして、『民間伝承論』では、それを「重出立証法」といいかえた。《現在の生活面を横に切断してみると、地方地方で事情は千差万別である。その事象を集めて並べてみると、起原あるいは原始の態様はわからぬとしても、その変化過程だけは推理することは容易である》(「民間伝承論」『柳田國男全集28』ちくま文庫)。いいかえれば、これは、空間的な差異を時間的な差異として捉え、そこから生活文化の歴史を明らかにしようとするものです。

このような見方はまた、柳田が『蝸牛考』(一九三〇年)で提起した「方言周圏論」とつながっています。すなわち、日本の東西・南北の離れた地点で一致する言葉があれば、それを歴史的に古層と見なすことができる、という考えです。『蝸牛考』では、蝸牛(カタツムリ)を各地でどう呼ぶかを調査しています。例えば、蝸牛を指す言葉は、近畿地方では「デデムシ」、中部と四国の一部で「マイマイ」、関東と四国の一部で「カタツムリ」、東北と九州の一部で「ツブリ」、東北の一部と九州の一部で「ナメクジ」というように、近畿地方を中心にして同心円状に分布している。ゆえに、南北の両極において方言が一致する場合、それを中央における古層と見なしてよい。これによって、空間的な調査と比較を通して歴史的に遡行することが可能になる。

以上のような柳田の理論は、彼の独創によるものではありません。例えば、方言周圏論は、アルベール・ドーザ Albert Dauzat の『フランス言語地理学』（大学書林、一九五八年）にもとづいており、重出立証法は、ジョージ・ゴム George L. Gomme の著作にもとづいています。しかし、柳田はたんに日本の方言史、あるいは言語史を考えたのではありません。それを通して社会の歴史を見ようとしたのです。そして、重要なのは、彼が以上の理論を知ったのが、ジュネーブに滞在中であったということです。

4

柳田が一九三五年に「実験の史学」を唱えたのは、それまでやってきたことに手応えを感じたからでしょう。日本列島では、言葉は中央から波紋のように広がって分布した。中央では消滅しても辺境では残る、ゆえに、南北ないし東西に離れた辺境の言葉が一致する場合、それが古層であるとみてよい。その意味で、日本列島は「実験の史学」に最も適した場である、と柳田は考えました。

このことについて説明しましょう。現在確認されているのは、現生人類が、五、六万年ほど前にアフリカから出てきて、各地に移動し広がったということです。日本列島に後期旧石器時代人が渡来したのは、およそ三万年前だと考えられています。地球が寒冷化した時期で、北で宗谷海峡と津軽海峡、南で対馬海峡がほぼ陸化したので歩いてやってきたのでしょう。温暖化以後は、中国大陸、東南アジアから「海上の道」を通って、つぎつぎに渡来した。日本列島はハワイ諸島と同様、その先に進めないので、そこに人々が累積し混合していった。そして、その跡がさまざまな形で残ったわけです。言語にもそれが残っている。これらの形跡には、日本人というより現生人類の歴史が刻印されているといえます。

ダイアモンドはそのような刻印を太平洋の島々に見出そうとした。同じことを、柳田は日本列島においてやろうとしたといえます。柳田が自身の学問を「実験の史学」と呼んだのは、「実験」を可能にする条件を見出したからです。《現在の国内の事実はほとんどこの変遷のすべての階段を、どこかの隅々に保存している。一つの土地だけの見聞では、単なる疑問でしかない奇異の現状が、多数の比較を重ねてみればたちまちにして説明となり、もしくは説明をすらも要せざる、歴史の次々の飛び石であったことを語るのである》(「実験の史学」『柳田國男全集27』

ちくま文庫）。

したがって、ジュネーブ滞在以後の柳田の仕事は、『遠野物語』や『山の人生』などで行った仕事とは違っています。今や、民俗学・郷土研究は、たんに日本社会の研究にとどまるものではなく、世界史の諸段階を見るものになるからです。

柳田の探究において、沖縄が不可欠となったのも、「実験の史学」の観点からです。沖縄が重要なのは、そこに起源があるからでもないし、また、他と異なるからでもない。それが重要なのは、同一の事象が東北その他の辺境に見出せるかぎりにおいてです。そのことが「実験の史学」を保証するのです。日本は、世界史の「実験」にとって恵まれた場所だ、と柳田は考えた。しかし、むろん、これは日本を特別視あるいは例外視するものではありません。日本において得られる認識が普遍的でありうる、日本にはそのような条件がある、ということです。

自分が大正九年に沖縄へ行ったことは、今から考えると大変に意義のあることであった。今日ではおかしいほどであるが、その以前は日本と琉球《りゅうきゅう》との関係、たとえば日琉同祖論のごときも種々証明をしてかからねばならない状態であったのである。琉球の郷土研究によって我々の舞台は確かに拡大され、信仰の問題にしても、社会組織の問題にしても、方言研究にしても、まったく面目を改めた。内地ではきわめて古いものが琉球では眼前に厳存しているのであった。たとえば神を祭る者が女であることは、文献上の斎宮《さいぐう》・斎院のことと一致している。〔中略〕家々が分立する以前の、家を労働単位とせぬ労働組織の概念なども、琉球のウエーカの観念によって考えられる。今日の親子なるものが、産みの親子などより前は、労働組織の単位であったこともこれによって知られるのである。琉球と同じく郷土研究の上に珍しい材料を提供したのは東北地方であって、岩手県の一部に残っているナゴの制度のごときも、日本の古い時代の姿を髣髴《ほうふつ》させる。（「民間伝承論」『柳田國男全集28』ちくま文庫）

柳田にとって郷土研究が重要なのは、それが人類史を見るためのベースとなりうるからです。したがって、彼が「郷土研究」というとき、それは郷土の特異性を強調することではまったくなかった。彼は地方的な事実に立脚しないような、普遍的な観念を疑ったのですが、同時に、彼は、ある郷土が特異であると考えるような「地方主義」を否定しました。《地方主義は有害です。真の地方主義は事実を確かめること、そうして結局はどこにも飛び抜けて珍らしいことはないという結論に行くつもりでなくては駄目です。〔中略〕手短かにいえば書いた物の不信任、事実の再検査ということが地方主義の骨子であります》（「東北と郷土研究」『柳田國男全集27』ちくま文庫)。

「実験の史学」にこそ「真の地方主義」がある、と柳田はいう。別の言い方をすれば、真の地方主義にこそ、世界性がある。しかし、このような考えが郷土研究者に、あるいは、民俗学者に受け入れられるはずがないと思います。のちに、民俗学者の宮本常一は、柳田の方言周圏論を京都中心の見方にもとづくものであると批判し、東西の文化的差異を強調しました。また、福田アジオは個々の民俗事象を地域から切り離すことなく、地域そのものを研究対象とする「地域研究」を提唱しました。しかし、そのような批判が生じるよりずっと前に柳田自身が、「実験の史学」として定式化したような郷土史研究を一九三五年以後、口にしなくなったのです。

一般に、このことは、柳田が比較民俗学を放棄し、「一国民俗学」に向かったこととして理解されています。しかし、一九三五年に「実験の史学」を方法的に確立したはずの柳田が、その後まもなく、それについて沈黙してしまったのはなぜでしょうか。その前に、こう問うべきでしょう。そもそも、柳田に「実験の史学」を促した事態は、何であったのか、と。

5

すでに述べたように、「歴史の実験」というと、歴史に実験が可能なのか、という質問が返ってきます。その場合、歴史の実験は、社会を変える実験という意味です。もちろん、柳田がいう「実験の史学」は、それとは違います。にもかかわらず、柳田においてそれは社会を変える実験と切り離せないのです。柳田が歴史に関して実験という言葉を用いるようになったのは、社会を変える空前の実験がなされた状況の下でした。

それは、一言でいえば、第一次大戦後の状況です。そして、社会を変える実験を典型的に示すのが、ロシア革命(一九一七年)と国際連盟の創設(一九二〇年)です。これらは、マルクスやカントが構想した理念を実験するものであった、といえます。ロシア革命は、いうまでもなくマルクスが提起した社会主義革命の理念にもとづいていますし、国際連盟もカントが『永遠平和のために』で提起した理念にもとづくものです。しかも、この二つは、実はよく似ているのです。*

＊　カントとマルクスのつながりについては、『世界共和国へ』および『憲法の無意識』（共に岩波新書）で論じているので、参照されたい。

例えば、カントの『永遠平和のために』は、たんなる平和論ではありません。カントはルソーのいう市民革命を支持したのですが、それは一国で起こるかぎり、周囲からの干渉によって阻害され、ゆがめられてしまう。実際、フランス革命はそうなってしまった。そのため、世界戦争（ナポレオン戦争）に帰結したのです。カントが考えたのは、市民革命は一国ではなく、多数の国で同時的になされなければならない、そして、そのために、諸国家連合が必要だというものです。つまり、カントが目指したのは、たんなる平和ではなく、戦争を不可能にするような世界同時的社会革命でした。

このカントの構想は一九世紀の間ずっと嘲笑ないし無視されていたのですが、世紀末、帝国主義戦争の時代に蘇りました。日本では、北村透谷がそれにもとづいて平和運動を起こしています。その結果、第一次大戦後に国際連盟が生まれたのです。実現されたものはむろん、カント的理念からほど遠いものでした。そもそも国際連盟は、アメリカの大統領ウッドロー・ウィルソンによって提唱されたのに、アメリカの議会で批准されず、不参加になるという有り様でした。したがって、当初から無力でした。ちなみに、カント的理念はまた一九二八年に、パリ不戦条約として実現されました。それは、国際紛争を解決する手段として、締約国相互での戦争を放棄し、紛争は平和的手段により解決することを規定した条約です。当然、これも無力で、まったく機能しなかったのですが、ある意味で、日本の戦後憲法、特に九条において実現されたのです。

つぎに、マルクスの場合も、社会主義革命は一国革命ではありえなかった。彼はこういっています。《共産主義は、経験的には、主要な諸民族が一挙に、かつ同時に遂行することによってのみ可能なのであり、そしてそのことは生産力の普遍的な発展とそれに結びついた世界交通を前提としている》(『ドイツ・イデオロギー』)。要するに、マルクスは一国だけの革命、さらに、「永続革命」(一度国家権力をとったら手放さずに革命を続けるという考え)を否定したのです。しかし、一九一七年に起こったロシアの十月革命は一国革命であり、また永続革命であった。そのあと結成された第三インターナショナル(コミンテルン)も国際組織とはいえ、ソ連一国に従属するものでしかなかった。

つけ加えるなら、カントとマルクスの「世界同時革命」論は結びつけられたことが一度もないのですが、現実には近接しています。例えば、第一次大戦の結果として、ロシア革命と国際連盟が生まれた。通常これらは異質なものだと見られています。一方は社会主義革命論、他方は平和論に依拠していたからです。第一次大戦後に起こった、この二つの「世界史の実験」が失敗に終わったのは、むしろそのためです。

しかし、そのことが判然とするのは、実際は、一九三〇年以後です。一九二〇年代には、この二つは事実上併存しつつ、世界状況を形成したのです。例えば、日本で「大正デモクラシー」と呼ばれているのは、それを反映する現象です。したがって、以上の二つの要素は結合されることはなかったが、対立することなく共存していた。そして、それらが日本においても歴史の実験をもたらした、といえます。

一九二〇年代の柳田国男の行動も、この文脈の中で見るべきでしょう。彼は一九一九年に貴族院書記官長を辞任し、翌年、東京朝日新聞社客員として論説を執筆するようになったのですが、さらに一九二一年にはジュネーブの国際連盟委任統治委員に就任した。それは国際連盟事務局の次長であった新渡戸稲造に誘われたからです。では、新渡戸は一体、いかなる資格において国際連盟の事務局次長となったのか。これはにわかには信じがたいような話です。

国際連盟は今から見てもそうですが、当時も、当事者にさえ理解しにくい状態にありました。例えば、国際連盟には、それを推進したウィルソン大統領の国(米国)が入っていない。にもかかわらず、国際連盟事務局の事務総長ジェームズ・ドラモンド(イギリス)は、ウィルソンの支持によって任命された人なのです。その下に、ドラモンドが任命した三人の次長(フランス、イタリア、日本)がいた。その一人が新渡戸稲造です。このような仕組が理解しにくいことは、新渡戸自身も書いています。

これらの人々はその本国を代表するものでなく、一種の国際人《インターナショナル・マン》であって、本国の利害を離れて国際事務を処理している。従てまた本国より俸給その他の手当も受けないのである。各国人にしてジュネーブに来り、聯盟を研究する者さえこの点を諒解するに苦《くるし》み、やはり事務局員を各国の代表者と思っている。(『新渡戸稲造論集』岩波文庫)

新渡戸稲造は、札幌農学校で内村鑑三と同期で、共にメソジスト派に入信、のちに渡米し、クエーカー教に改宗、英文で『武士道』を書いて、世界的に知られた〝国際人〟というべき人物となりましたが、正式に日本国を代表していたわけではないのです。ここから見ても、国際連盟は歴史的に類例のない「実験」であったといえます。それは、もう一つの「実験」であるロシア革命とともに、日本に大きな影響を及ぼします。

柳田が委員になったのも、新渡戸に頼まれただけで、別に日本国から派遣されたわけではありません。先ほど述べたように、彼は官僚を辞めた後、太平洋の島々に行きたかったのです。ジュネーブに行ったのは、そこでも太平洋の島々の委任統治という職務を通して調査ができると考えたからでしょう。彼は、ジュネーブで「島」という条件について考えたことを、以下のようにふりかえっています。

二年間の経験で私に役に立ったのは、島というものの文化史上の意義が、本には書いた人があっても、まだ常人の常識にはなり切っていないことを、しみじみと心附いた点であった。いわゆる裏南洋の陸地は、寄せ集めて滋賀県ほどしかないのに、島の数が大小三千、うち七百まではたしかに人が住んでいる。それでは巡査だけでも七百人はいるわけだと、冗談を言った委員もあったが、その島々が互いにくいちがったためいめいの歴史を持って、ある程度、別々の生活をしていることまでは、陸つづきで交際する大陸の連中には呑み込めない。茶碗の水も池の水も、水は水だというような考えは、西洋で物を覚えたわが邦の外交官までが皆もっていて、第一に本国の周辺に、大小数百の孤立生活体のあることをさえ考えない。数を超脱した「人」というものの発達を、せめては歴史の側からなりとも考えてみることのできるのが、日本の恵まれた一つの機会だったということを、気付かぬ者だけが政治をしている。

だからまだまだ我々は、公平を談ずる資格がないと、思うようになって還ったのはお蔭である。（「ジュネーブの思い出」『柳田國男全集3』ちくま文庫）

柳田が新渡戸と知り合ったのは、南の「島」、すなわち、台湾においてです。そして、一九〇九年に新渡戸と一緒に郷土研究会を始めた。さらに、彼が官僚をやめてジャーナリストに転じたのは一九一九年ですが、それも新渡戸との出会いに始まるといえます。柳田が始めた「郷土研究」は、日本の郷土を、世界人類史を見る「実験」の場として見出すものでした。彼がそれをジュネーブで継続したのは、当然のことといえるでしょう。

先に私は、柳田がジュネーブでフランスの言語地理学を学んだといいましたが、それに関して付け加えておきたいことが幾つかあります。現代の言語学を築いたフェルディナン・ド・ソシュール（一八五七—一九一三）はジュネーブの生まれで、パリ大学から、一九〇六年に故郷に戻り、一九一三年に死去するまで一般的言語学を講義した。その意味で、ジュネーブはフランス言語学、というより現代言語学の故郷であったといえます。

もう一つ、一九二〇年代に本格化した世界史的な「実験」として、エスペラントの運動があります。これも国際連盟にかかわるものです。例えば、一九二二年に柳田は新渡戸とともに、エスペラントを公用語にしようと運動を始めたのですが、フランスの反対で挫折した。柳田は自らエスペラントを学び、帰国後もエスペラント語学会の理事になりました。その一方で、日本の方言の研究(『蝸牛考』)をやっていたわけです。

ついでにいうと、エスペラントは、意外なことに、日本の近代文学と深い縁があります。日本で最初の言文一致の小説『浮雲』(一八八七年)を書いた二葉亭四迷は、一九〇二年ロシア滞在中にエスペラントを学び、一九〇六年に入門書を出版しているのです。また、彼が一九〇四年、夏目漱石に先んじて朝日新聞記者となったことも、のちに柳田国男が官庁を辞めて朝日新聞に入社するにいたった遠因であるといえます。

柳田は一九二三年、関東大震災のために、急遽帰国しました。しかし、ジュネーブ時代の考えを捨てたわけではありません。それどころか、むしろ積極的に政治的な活動を始めたのです。例えば、民本主義を唱えた政治学者吉野作造とともに、朝日新聞の論説委員となり、普通選挙を実現する運動の先頭に立った。さらに、選挙の応援演説にまで出向いた。こうして柳田は、吉野とともに「大正デモクラシー」の一翼を担ったわけです。このことも彼がジュネーブにいた経験と切り離せないでしょう。というよりむしろ、柳田は震災後の日本に、第一次大戦後のヨーロッパに類似したものを見出したと思います。日本は第一次大戦に参加したとはいえ、それがヨーロッパにもたらしたような深刻な事態を免れていたからです。
ちなみに、吉野作造もエスペランティストでした。さらに、彼が東京帝国大学で指導した学生団体「新人会」から、マルクス主義者が多数輩出されたことを付け加えておきます。吉野の下で、先に述べたカント的なものとマルクス的なものが接合されていた、それが「大正デモクラシー」であった、といってよいと思います。彼らの運動はある程度奏功し、一九二五年には普通選挙法が成立し、二八年には、第一回普通選挙が実施されました。しかし、柳田は、選挙の結果に失望せざるをえなかった。普通選挙となってもなお、人々は地域に割拠する「親分」(顔役)に従っていたからです。それについて、彼はこう書いています。

だから普通選挙が選挙人の数を激増し、自由な親分圏外の人々に投票させてみても、わずかな工場地帯の別箇の統制を受けるものの他は、結果はだいたいにおいて、以前と異なるところがなかった。つまり我々は散漫なる孤独において、まだ自分の貧苦の問題をすらも、討究してみる力を持っていなかったのである。もしくは多数の同境遇の人々と、いかなる方法でも結合しなければ、解決は無意義であるということだけを知って、しかもその方法に非常なる価値の差等があることまでは心付かなかったのである。(「明治大正史 世相篇」『柳田國男

全集26』ちくま文庫)

柳田はここで、現実の政治を民俗学から得た認識を通して見ています。最後に、彼はこう結んだ。《われわれは公民として病みかつ貧しいのであった》《公民となるためには、「多くの無意味なる団結を抑制して、個人をいったん自由にする必要がある》(『公民の民俗学』)。したがって、大塚英志は、この時期の柳田の仕事に「公民の民俗学」を見出しています。

ただ、私はむしろここにこそ、「実験の史学」を見たいと思います。たとえば、『明治大正史世相編』は、柳田の歴史学です。これは同時期にフランスでマルク・ブロックらが始めたアナール学派の仕事に類似します。それは社会の歴史を民俗学・人類学・地理学などを動員して見るものです。つまり、それは短期的な出来事ではなく、長期的なスパンでしかみえない出来事を見る企てです。柳田が「実験の史学」と呼んだのは、むしろ、このような歴史ではなかっただろうか。事実、「実験の史学」(一九三五年)でも、選挙のことがその一例として語られています。

人が何ゆえに貧苦を脱し得ないか、村がどうしていつまでも衰微感のために悩まされているか。選挙がどういう訳《わけ》でこの国ばかり、まっすぐに民意を代表させることができぬかというような、さし迫った一国共通の大問題なども、必ず理由は過去にあるのだから、これに答える者は歴史でなければならぬ。人がそういう史学を欲しがる時が、今まだ来ていなければ、近い未来にはきっと顕《あら》われる。この私たちのいう実験の史学は、もちろんもっと広汎《こうはん》な前線をもっているが、まずこういう実際問題によって、その能力を試験せられてもよいと思う。

（「実験の史学」『柳田國男全集27』ちくま文庫）

しかし、日本は、一九三一年に満州事変を起こし、翌年満州国、さらに国際連盟からの批判（リットン調査団）を受けて、三三年に国際連盟から脱退します。こうなると、柳田が立脚していた基盤そのものが消滅したことになります。さらに日本は、中国との戦争、そして、その後に米国との戦争に入っていった。柳田が一九三五年に「実験の史学」を書いた後、それについて言及しなくなったのは、一九二〇年代にありえた「実験」が消滅してしまったからだ、と私は思います。しかし、彼はそれを放棄したわけではありません。第二次大戦後、ただちにそれを再開したのですから。私が話したいのは、むしろそのことです。そして、それはいわば、柳田国男の歴史を「実験」によって照明することです。

II　実験の文学批評

i　島崎藤村

1

柳田国男のいう「実験の史学」、あるいは、歴史の自然実験とは、多くの面で類似しているが、その一部が顕著に異なるような複数のシステムを比較することによって、その違いが及ぼした影響を分析するものです。実は、柳田の仕事を見るときにも、この考えは役立ちます。その場合、私は、島崎藤村と比較するのがよいと思うのです。言うなれば、これは「実験の文学批評」です。

柳田と藤村は、北村透谷が中心となって始まった雑誌「文學界」で注目された新体詩の詩人でした。新体詩は、和歌から近代詩への移行過程に生まれた形式です。柳田は桂園派の歌人松浦辰男の門下となり、そこで田山花袋と知り合った。そのように歌人として出発しながら、柳田と花袋はロマン派的な新体詩を作るようになり、まもなく、国木田独歩、島崎藤村らと知り合って一緒に『抒情詩』を出版しました。したがって柳田にとって藤村よりも花袋のほうが身近な存在であったといえます。また、藤村と柳田の関係は、ある時期から完全に途絶えてしまいました。

柳田国男は晩年、つぎのように回想しています。《私が島崎君と親しくしていたのは大変旧く、恐らく田山が彼を知った時よりは旧かったろう。初対面はまだ学生中で明治二十八年であった》(「故郷七十年拾遺」『故郷七十年』講談社学術文庫)。柳田が特に回想したのは、つぎのような出来事です。一八九八年夏、大学生であった彼は、体調を崩し、静養のために伊良湖岬の突端で一ヶ月滞在していたのですが、そのとき、海岸で南洋から流れ着いた椰子の実を見つけた。ふりかえってみると、柳田が「海上の道」について考えたきっかけはこの出来事にあったといえるでしょう。

「海上の道」とは、船が通る道です。陸上の道と違って跡形も残らない。しかし、それは陸上の道に劣らず、人類の歴史において重要であった。例えば、ミクロネシア、メラネシア、ポリネシアなどの太平洋の諸島は、「海上の道」を通してつながっているわけです。当然、日本もその中に入ります。そのような、見えない道を見出すことが、柳田にとって歴史学であったといえます。

しかし、大学生の柳田が、南洋から漂着した椰子の実を見つけた時点で、そんなことを考えたとは思えません。ただ、彼はそのあと帰京して、この出来事を早速友人に話した。それが島崎藤村です。《東京へ帰ってから、そのころ島崎藤村が近所に住んでたものだから、帰って来るなり直ぐ私はその話をした。そしたら「君、その話を僕にくれ給えよ、誰にもいわずにくれ給え」ということになった。明治二十八年か九年か、ちょっとはっきりしないが、まだ大学にいるころだった》(『故郷七十年』朝日選書)。そのあと、藤村が書いたのが「椰子の実」という詩です。

名も知らぬ遠き島より／流れ寄る椰子の実一つ／
故郷《ふるさと》の岸を離れて／汝《なれ》はそも波に幾月／
……………
…………

思ひやる八重《やえ》の汐々／いづれの日にか国に帰らん

このような逸話以外に、柳田（一八七五―一九六二）と藤村（一八七二―一九四三）の親愛関係を示す記録はありません。柳田が文学仲間として藤村や田山花袋と親しくつきあっていたことは明らかです。しかし、彼は自身が抒情詩を書いていた時期に関して、否定的です。例えば、自身の詩について、つぎのように回想しています。《私は文学界に新体詩を出したことがある。藤村の勧めがあったのかも知れない。しかし、連中の詩は西洋の系統から来て居るので、胸の中の燃えるようなものをそのまま出すのが詩というものだと考えていた。私の方は初めに和歌の題詠で稽古しているのだから、全く調子が違う》（「再び文学界のこと」『故郷七十年』講談社学術文庫）。

題詠というのは、与えられた題で詩を作ることです。どんな題が与えられても、それに応じて即座に詩を書く。もちろん、和歌にはそのような面があったと思います。しかし、柳田が「文學界」などに書いた抒情詩はそういうものではない。例えば、「椰子の実」の前年に書かれたつぎのような柳田の詩が、たんなる「題詠」でできたものとはいえません。

かのたそがれの国にこそ／こいしき皆はいますなれ／
うしと此世を見るならば／我をいざなえゆうずつよ／
やつれはてたる孤児を／あわれむ母が言の葉を／
しずけき空より通い来て／われにつたえよ夕かぜよ
（「文學界」一八九八年二月）

もちろん、『抒情詩』以後の柳田の変化にはめざましいものがあります。彼は農政学の勉強に励み、一九〇〇年に帝国大学を出ると、農商務省の役人となり、さらに、その翌年に柳田家の養嗣子として入籍しました。それまでは、松岡国男でした。このような変貌は、「文學界」同人たちを驚かせた。松岡国男は、恋愛詩が似合う貴公子と見なされていたからです。柳田自身はそれをつぎのように回想しています。

友達にも恵まれ、順調だった私の学生生活にとって、いちばん不幸であったのは、私が高等学校から大学に入る夏、父母が相ついで死んでしまったことであった。（中略）大学はせっかく法科へ入ったが、何をする気もなくなり、林学でもやって山に入ろうかなどとロマンチックなことを胸に描くようになった。しかし林学はそのころいちばん難しい実際科学で、大変数学の力が必要であった。私は数学の素養が十分でないので、農学をやることにした。両親も亡くなり、もう田舎に住んでもかまわないくらいの積りであった。そこへ松崎蔵之助という先生が、ヨーロッパ留学から帰り、農政学（アグラール・ポリティク）ということを伝え、東京大学で講義をしておられた。新渡戸博士が東大へ来る以前の話だが、そんなことから、私も農村の問題を研究して見ようかということになり、三十三年七月に大学を出てから、農商務省の農政課に入り、三十五年二月までそこにつとめた。（「官界に入って」『故郷七十年』講談社学術文庫）

先に引用した柳田国男の詩は、父母の死を悼むものです。そして、右の回想によれば、柳田が農政学を選択したことは、むしろ文学の延長のように見えます。事実、文学仲間の田山花袋、国木田独歩らは、柳田が『遠野物語』などを書いたのは、農政官僚の傍ら、ロマン主義的な夢想を満たすためだと見ていました。そもそも、彼らには、詩人松岡国男が農商務省の官僚になったり、柳田家に婿入りしたりすることが不可解に見えたのです。柳田もそれについて友人たちには何も語らなかったようです。

2

柳田が官僚となって以後も、文学仲間との交流は続いていたのですが、藤村とは、ある事情で、生涯絶交するにいたりました。したがって、柳田が回想したような時期以外に、藤村とのつながりはありません。しかし、柳田国男と島崎藤村には、切り離しえないような縁が見出されるのです。実は、彼らが絶交したこともそれと無縁ではありません。先ず、彼らに共通しているこどが二つあります。

第一に、彼らが年少期に——藤村は九歳で、柳田は一二歳で——親元を離れ、兄達がいる東京に向かったということです。「故郷の岸を離れて、汝はそも波に幾月」「思ひやる八重の汐々、いづれの日にか国に帰らん」というのは、彼らの心境であったと思います。したがって、「椰子の実」という詩は、学者柳田が伝えた素材をもとに、詩人藤村が〝ロマンチック〟に仕立て上げたものだということはできません。藤村はむしろ、詩人柳田が話した言葉に感銘を受けたのでしょう。「僕にくれ給え」と念を押したのは、柳田自身が書くと思ったからではないか。

さらに彼らに共通する点は、父親がいずれも平田派神道・国学を熱烈に追求し、神官にまでなったということです。平田派神道は、簡単にいうと、幕末に討幕運動のイデオロギーとして有力だったのですが、明治維新以後、まもなく排除されるようになりました。つまり、平田派神道を追求した者は孤立し、貧窮するようになった。藤村と柳田が、いずれも幼くして親元を離れたことは、父親がそのような人物だったことと関連しています。

藤村の父、島崎正樹(一八三一—一八八六)と、柳田の父、松岡操(約齊)(一八三二—一八九六)はほとんど同年です。藤村も柳田も兄弟が多かったのですが、二人は父親との関係においても類似していたといえます。どちらも早くから親元を離れ、直接に父と対立するというようなことがなかった。にもかかわらず、というより、むしろそのために、父親について考えるようになったといえます。藤村の場合、そのことは『夜明け前』のような小説を見れば明らかですが、柳田の場合も、目立たないながら、父親の存在が大きいのです。

ある意味で、彼らはそれぞれ、「故国《くに》」に帰った、といってもよい。そのことは、藤村の場合は『夜明け前』、柳田の場合は自身「新国学」と名づけた民俗学・史学の仕事において示されています。問題は、彼らがお互いの父親のことを知っていたかどうか、です。むろん、後年には当然知っていたでしょうが、学生時代、あるいは詩人の時期に、それを知っていたか、また、それについて話し合ったことがあるか。それは不明ですが、藤村が率直に話すことはなかつただろうと思います。*

＊　柳田は『故郷七十年拾遺』で、藤村と〝絶縁〟するにいたった所以を書いている。彼が台湾に赴任したとき、藤村から手紙で兄に会ってやってくれと頼んできた。しかし、会ってみると、仕事のことで台湾総督に口添えしてほしいと依頼された。それは役人として〝不正〟な行為である。柳田が憤慨したのは、藤村が手紙でそれを書かなかったことだ。ただ、このことも、柳田と藤村の関係が家族の問題に関連していることを暗示している。

3

先ず藤村の場合を見てみます。彼の父島崎正樹は、『夜明け前』の主人公、青山半蔵のモデルになった人物です。正樹は信濃の馬籠宿の本陣・庄屋・問屋をかねる家に生まれたが、平田篤胤没後の門人となり、平田神道の運動に参加した。先に述べたように、平田神道は、明治維新のイデオロギーの一つでした。それは薩長のような軍事的な力をもったわけではないし、政治的・経済的な近代化を目指すものでもなかったのですが、それでもなお、明治維新が「王政復古」を掲げる以上、重要且つ不可欠なものであったといえます。

それを端的に示すのは、新体制において、神祇官が最上位に置かれたことです。これは、古代律令制にもとづく官位であり、全国の神社を掌握して、王政復古の新しい理念を広めるものでした。が、それはすぐに、太政官管轄下の神祇省に格下げされた。これが平田派にとって最初の挫折です。つぎに、神祇省の下で追求された、神仏分離(廃仏毀釈)の運動が行き詰まった。明治五年には神祇省も廃止され、教部省が設置されました。つまり、平田派の復古＝社会革命の運動は、維新以後五年で挫折したのです。

この結果、神道国教化が制度として実現されるにいたったわけですが、それは逆に、平田派が追求していた復古＝社会革命を不可能にするものでした。平田派が仏教や神道諸派を否定したのは、たんに教義や信仰の問題ではなかった。それらが政治的に徳川体制を支える制度となっていたからです。例えば、徳川時代では旅行する者には通行手形が必要でしたが、それは主に菩提寺から得ていました。いわば死後の住所によって、各人の身元が保証されるようになっていたわけです。その場合、神道も、神仏習合の下で仏教に従属していた。だから、神仏分離は、神道の、徳川の政治体制からの解放を意味したのです。

ところが、明治五年以後、神道は国教化されるとともに、国家機構の一端となりました。例えば、明治憲法(一八八九年発布)では、「信教の自由」が明記されたのですが、同時に、国家神道は〝敬神〟の対象であり、宗教的信仰の対象ではないと見なされたのです。それについては後述します。一先ずいっておきたいのは、国家神道の確立とともに、さらなる社会改革を目指した平田派神官は排除され孤立したということです。このような過程が、『夜明け前』の主人公青山半蔵のモデルとなった藤村の父、島崎正樹のケースにおいて、典型的に示されています。

正樹は、中山道木曽馬籠宿で一七代続いた本陣・庄屋の当主でしたが、平田派の国学を学び、王政復古による世直しを熱烈に志向するようになった。特に、山林を古代のように共同所有によって村人皆が自由に使えるようにする改革を求め、森林の使用を制限する尾張藩を批判していました。明治維新の結果、正樹は戸長となり、木曽山林の解放運動に奔走しました。この時点では、平田派の勝利でした。が、その後に、神祇省の廃止が示すように、明治体制は、西洋文化を導入する文明開化を進めるとともに、農民が山林を共有財として利用することを禁じた。すなわち、山林の国有化(皇室財産化)を推進したのです。正樹はこれに対し抗議運動を起こしたのですが、戸長を解任され、それ以後も、苦難と孤立を経験します。彼は一八七四年(明治七年)に上京し教部省考証課雇となり、その翌年飛騨水無《みなし》神社宮司となったのですが、帰郷。一八八一年、天皇の北陸巡幸に際し憂国の直訴を試み、叱責される、などの挫折をくり返した末、発狂して放火し、座敷牢に入れられて、一八八六年に五六歳で死去しました。

ところで、島崎正樹は一八八一年、天皇に直訴する前に、九歳の息子をその兄と一緒に東京に送りました。『夜明け前』では、藤村自身をモデルにした末っ子の和助は、《兄たちについて東京の方へ勉強に行かれることを何よりの歓びにして、お河童頭を振りながら勇んで踏み出すという子供》(第二部下)として描かれています。が、父親はこの和助に七、八歳のころから荀子の『勧学篇』を暗唱させており、自分の望みを受け継ぐ者だと考えていたようです。しかし、四年後に東京で再会したとき、父は、《どうやら和助は、半蔵が求めるような子でもなく、彼の首ッ玉に噛《かじ》りついて来るような子でもなく、追っても追っても遠くなるばかりのような子であった》。悄然として半蔵が郷里に帰ったあと、和助から「国学」ではなく「英学」をやりたいという手紙が来た。それから間もなく、半蔵は発狂して放火し、座敷牢に閉じ込められたのです。

これは創作であって、必ずしも事実ではありません。ただ、藤村が上京して西洋派となり、さらにキリスト教徒となったこと、その意味で父の期待を裏切ったことは明らかです。実際、『夜明け前』では、青山半蔵が最終的に狂気に陥った原因は、息子が父の信じる平田神道を見捨てたことであるように書かれています。

藤村が父を見捨てたという罪意識をもっていたことは疑いありません。そのことは、第一次大戦中パリに滞在したときのことを書いた『新生』(一九一九年)にも書かれています。彼はそこで、父が信じていた神道を受け継がず、キリスト教徒・西洋派となって西洋に滞在している自分こそ、実は父のライフワークを受け継ぐ者なのだ、と考えるにいたったのです。しかし、それが具体的にどういうことなのかは、書かれていません。

そこから見ると、彼が小説家としてその課題を果たしたのが、『夜明け前』という作品であるといえます。これは、青山半蔵という人物の生涯を歴史的な文脈において見ることであり、また、明治維新がいかなるものであったかを示すものです。つまり、この作品では、青山半蔵の生涯は、その息子の一人とはほとんど関係なく描かれています。藤村は、明治維新が何であったかを描こうとした。ですから、『夜明け前』は藤村の背景について知らなければ読めないような作品ではありません。

しかし、藤村は『夜明け前』を書いただけではすまなかった。ある意味で、維新の活動家のようにふるまい始めたのです。例えば、一九三五年に『夜明け前』を刊行したあと、日本ペンクラブ会長となりました。ペンクラブは、一九二〇年代に生まれた国際的な「実験」の一つです。しかし、これも三〇年代には、国際連盟と同様に骨抜きにされてしまった。その時点で、藤村はペンクラブ代表として、一九三六年、アルゼンチンで開かれた国際ペンクラブ総会に参加し、雪舟について講演したのです。ちなみに、この総会には、シュテファン・ツヴァイクも出席していたのですが、彼はその後、一九四二年に遺書というべき自伝『昨日の世界』を書いたあと、自殺しています。

以後、島崎藤村は「東洋の再認識」と「古代日本に帰れ」という方向に向かいます。これは平田国学の方向です。それが一九四三年に連載を開始し、まもなく死去したため未完に終わった小説『東方の門』につながることはいうまでもありません。また、一九四一年に、藤村が当時の陸軍大臣・東条英機が示達した『戦陣訓』の文案作成に参画したことにも注意すべきです。特にこの中の「生きて虜囚《りょしゅう》の辱《はずかしめ》を受けず」という一節が、大きな影響を及ぼしたといわれています。つまり、それは無用な戦死者を増やし、さらに、それ以前になかったような捕虜虐待をもたらした。

4

このような藤村の変化は、平田派の父の期待を裏切ってキリスト教徒・西洋派となったことへの悔恨・悔悟のあらわれとして見ることができないわけではありません。しかし、平田篤胤は、必ずしも単純に排外的ではないのです。例えば、『夜明け前』でも、青山半蔵は、篤胤の遺著『静《しず》の岩屋』を読んで驚いたことを、つぎのように回想します。

先師と言えば、外国より入って来るものを異端邪説として蛇蝎《だかつ》のように憎み嫌った人のように普通に思われながら、「そもそもかく外国々《とつくにぐに》より万《よろ》ずの事物《ものごと》の我が大御国に参り来ることは、皇神《すめらみかみ》たちの大御心にて、その御神徳の広大なる故に、善し悪しきの選みなく、森羅万象のことごとく皇国《すめらみくに》に御引寄せあそばさるる趣を能《よ》く考え弁《わきま》へて、外国《とつくに》より来る事物はよく選み採りて用うべきことで、申す畏《かしこ》きことなれども、これすなわち大神等《おおみかみたち》の御心掟《みこころおきて》と思い奉られるでござる」とあるような、あんな広い見方のしてあるのに、彼が心から驚いたのも『静の岩屋』を開いた時だった。先師はあの遺著の中で、天保年代の昔に、すでに今日あることを予言している。こんなに欧米諸国の事物が入って来て、この国のものの長い眠りを許さないというのも、これも測りがたい神の心であるやも知れなかった。（『夜明け前』岩波文庫・第二部下）

この考えは、ある意味で正しい。というのは、平田篤胤は、本居宣長のいう「古道」にあきたらず、そこに無いものをキリスト教から取り込んだ人だからです。例えば、古事記によれば、人は死んだら黄泉の国、根の国、つまり、地底の国に行くと考えられています。宣長の考えでは、それは禍津日《まがつび》の神によってもたらされたものであり、人はその運命を免れない。宣長は、人が仏教で悟りを得たから、あるいは救済を信じるから、もはや死に拘泥しない、などというのは、漢意《からごころ》的な欺瞞であるというのです。人が死ねば、黄泉《よみ》の国(根の国)に行く、したがって、死ぬことはたんに悲しい、というべきだ、と。ところが、宣長自身は浄土教の門徒であり、死後、魂が地底に留まるとは考えていなかったはずです。実際、遺言書、葬式の手はずを詳しく書き残しました。

これが門人たちに大きな謎としてあったことは確かです。それに対して、篤胤は、超越的で人を救済するような神を見出そうとした。そして、その鍵を、中国に来たイエズス会宣教師マテオ・リッチ(利瑪竇《りまとう》。一五五二―一六一〇)が漢文で著述した『天主実義』に見出したのです。篤胤はそれを取りいれた神道の体系を構築しました。しかし、同時に、彼は独自の「本地垂迹《ほんじすいじゃく》説」を唱え、キリスト教などの外国の宗教は、もとをたどれば日本の神道が外に伝わったものだと主張した。そこに、平田神道に固有の国粋主義が生まれたわけです。それはある意味で、排外主義ではない。なぜなら、「外」のものはすべて、日本から伝わったものなのだから。

藤村は東京の明治学院で洗礼を受けてキリスト教徒となりました。しかし、それは必ずしも平田派を拒否することではなかった。というのも、明治中期以後、キリスト教運動も平田神道に近づいたからです。例えば、キリスト教界のリーダーで同志社大学の総長を務めた海老名弾正（一八五六―一九三七）は、日本古来の信仰や霊性を研究し、これを基盤としてキリスト教を土着化させることを模索した。いいかえれば、日本のキリスト教にナショナリスティックな色彩を与えたのです。それは事実上、平田神道を回復することになります。平田派のように振る舞うようになった藤村がキリスト教を捨てたことは確かなのですが、キリスト教と平田派の関係はそう見えるほど対立的ではありません。例えば藤村は戦争を支持しましたが、一九四一年にプロテスタント派が結集した「日本基督教団」も、キリスト教徒として、皇国日本の戦争と大東亜共栄圏を支持したのです。

ii　柳田国男

1

柳田国男は父松岡操(約齊、一八三二—一八九六)について、つぎのように述べています。《私は常に自分の故郷の氏神鈴ヶ森の明神と、山下に年を送った敬虔なる貧しい神道学者、即ち亡き父松岡約斎翁とを念頭に置きつつ、注意深き筆を執ったつもりである》(「神道と民俗学」『柳田國男全集13』ちくま文庫)。さらに、柳田はこう語っています。《民俗学はむしろ神道史研究を志す学問、もしくは神道史もまた民俗学の重要なる項目の一つなのであります》。

しかし、柳田がこのように書いたのは、一九四一年、あるいはそれ以後です。つまり、民俗学と神道に関して、彼なりの決着がついた後です。それ以前に、彼は父と平田神道の問題について公的には述べていませんが、平田神道に関しては否定的でした。例えば、平田派神道をつぎのように、痛烈に批判しています。《要するに神道の学者というものは、不自然な新説を吐いて一世を煙に巻いた者であります。決して日本の神社の信仰を代表しようとしたものではありませぬ》(「神道私見」『柳田國男全集13』ちくま文庫)。さらに、こうも述べています。《平田の神道はでき得る限り外国の分子を排除するばかりでなく、さらに進んでこちらから侵略的態度に出で、天竺の神も大己貴《おおなむち》、少彦名《すくなびこな》であるとか、支那の大乙神も高皇産霊尊《たかみむすびのみこと》の御事であるというようなことを言って、空なる世界統一論者に悦《よろこ》ばれました》(同前)。

柳田の父松岡約齊は、藤村の父島崎正樹のような政治活動を行ったわけではありません。後者と同じく神経衰弱で座敷牢に閉じこめられたことがありますが。約齊は徳川時代末期には医者でしたが、そのあと、姫路で漢学の教師となり、その間、本居宣長や平田篤胤の国学に熱中して、平田派の神官となるに至った。当然、この間に平田派の政治活動を知ったはずですが、関与していないように見えます。神官になったとはいえ、氏子や信者がいたわけではないから、貧窮を余儀なくされた。ゆえに、六男の国男は一時養子に出され、のちに一二歳で、茨城県で医院を開いていた次兄(松岡鼎)の下に引き取られたのです。彼はさらに、東京で医学部学生であった三兄(井上通泰)の所に移った。つまり、柳田は父というより、兄弟に助けられて育ったわけです。

柳田は父約齊についてこう述べています。《私は実は実父が中年から改宗した神官でありまして、いわゆる古学の最も追随者でありましたから、幼年の時分からいわゆるトツクニブリ

（外国風）とノチノヨブリ（後世風）との必ず改むべきものであることを十二分に聞かされた者でありますが、近頃になって次第に心付いてみますると、外国風の感化が日本を席巻《せっけん》したことはなるほど事実でありますが、これはむしろ『延喜式』よりもはるか以前、あるいは『書紀』の編纂よりもさらに前の時代をもって絶頂と見なければならぬかも知れませぬ》（同前）

しかし、約齊は神道を子供に押しつけるようなことをしなかったと思います。むしろ、少年期の柳田が影響を受けたのは、広い意味で「漢学」あるいは「経世済民」の思想だといえます。例えば、柳田が農政学に向かったとき、それは《林学でもやって山に入ろうかなどとロマンチックなことを胸に描くようになった》からではありません。少年期に飢饉があったとき、父親に教わって『荒政要覧』を読んだことがあり、「飢饉を絶滅しなければならない」という強い気持ちがあったからです。

柳田は大学でヨーロッパの農政学・協同組合論を研究したのですが、卒業論文には、朱子の論を検討して「三倉沿革《さんそう》」を書いた。これは子供のときに読んだ『荒政要覧』につながるような研究です。一見すると、これは父親の平田神道と無縁のように見えますが、必ずしもそうではない。平田篤胤は本居宣長に私淑しましたが、そもそも、宣長は荻生徂徠の影響を受けた人で、漢意を批判し「古学」を唱えるようになってからも、儒学的な「経世済民」の姿勢を貫いています。そのことは彼が晩年に、紀伊藩に政策について意見を具申した『秘本玉くしげ』(一七八七年)からも明らかです。この点では、篤胤も宣長の姿勢を受け継いでいます。

荻生徂徠は、徳川幕府の哲学であった朱子学の観念性を批判し、儒学を歴史的に見直すことを提唱しました。さらに、朱子自身についていえば、彼が朱子学と呼ばれるようになった理論を言い出したのは、地方の官僚であった時期に提起したことがすべて挫折したあとです。柳田が「三倉沿革」で取り上げたのは、若かりし朱子が提唱した実践的な政策なのです。

もう一つ、柳田の父、松岡約齊が藤村の父と異なるのは、医者であったということです。その意味で、約齊は、医者であった宣長に似ています。また、約齊の息子たちも医者になった。先に述べたように、柳田国男は一二歳のとき、関東で開業医をしていた次兄の元に預けられ、さらに東京で医学生であった三兄井上通泰に引き取られた。柳田は医者にこそならなかったが、約齊の医学者としての側面を受け継いだといえます。

ところで、実は、藤村の一族も医学と無縁ではなかったのです。例えば、藤村の甥、島崎敏樹と西丸四方は日本の代表的な精神病理学者となった。彼らが医者となった動機は、藤村が苦にしていた「親譲りの憂鬱」と関連するといえるでしょう。藤村の場合、この「憂鬱」は、父親と長姉が狂死したことから来るものです。そのような家系のため一族から精神医学に進む者たちが出てきたわけですが、藤村の文学はむしろそれを先駆けるものだといえます。

柳田の場合重要なのは、一六歳のとき、井上通泰に連れられて森鷗外の門を叩いたことです。むろん、これは和歌に始まる文学的関心によるものですが、鷗外との関係は、彼がたんに文学者であるのみならず、軍医であったこと、すなわち、医者であると同時に官僚であったことが重要です。柳田が文学をやりながら、同時に官僚になることを考えたのは、「経世済民」の思想だけでなく、身近に森鷗外という範例があったためだと思います。

鷗外は、医学部を出た後陸軍に入り、一八八四年(二二歳)から四年間、衛生学と陸軍衛生制度の研究のため、ドイツに留学しました。その間に、ドイツやフランスの文学の動向を詳しく知った。その中で特に、ヨーロッパにおけるロマン主義から自然主義への移行を身近に感じたと思います。その代表的な例として、エミール・ゾラの自然主義文学をあげておきたい。というのも、それは医学、というより「実験」の問題に深く関連しているからです。その意味では、日本でゾラのいう自然主義を正確に受けとめ、且つその意義を解していたのは、鷗外だけだと思います。彼はその後も、『椋鳥通信』に示されるように、晩年にいたるまで、ヨーロッパの文学・思想動向を紹介しつづけたのです。

ゾラは、クロード・ベルナールの『実験医学序説』の影響を受けて、『実験小説論』を書いた。ベルナールは、物理的な研究に限られていた実験的方法を、生物の研究へ拡大した科学者なのですが、ゾラはそれを、人類学・社会学に拡張すればよいと考えた。《もし実験的方法によって肉体生活に関する知識が得られるならば、それによって情的及び知的生活の知識も得られるに相違ない。化学から生理学へ、生理学から人類学及び社会学へと進んでゆくのは方向の相違ではなくて程度の相違に過ぎない。而してその進路の末端に位するのが実験小説である》（「実験小説論」）。

ゾラはこの方法を貫徹して、全二〇作からなる「ルーゴン・マッカール叢書」を書きました。その中で、特に『居酒屋』や『ナナ』が知られており、私もこの二作しか読んでいないのですが、全巻が連関しているそうです。また、ゾラは一八九五年、フランス陸軍に起こったドレフュス事件で、ユダヤ人のドレフュス大尉を弁護して闘った。しかし、以上のような面、つまり実験性や政治性は、日本の自然主義文学にはまったく見られなかった。その点は、一九一〇年大逆事件のあと、石川啄木が『時代閉塞の現状』で痛烈に批判したことです。《我々日本の青年はいまだかつてかの強権に対して何らの確執をも醸《かも》したことがないのである》。啄木は若くして森鷗外に依頼されて雑誌『スバル』の創刊に際して発行名義人になったほどですから、ゾラについてもよく知っていたはずです。

柳田はのちに、自然主義文学についてつぎのように回想しています。《自然主義という言葉を言い出したのは、田山であったろう。しかも英語のナチュラリズムという言葉をそのまま直訳したのだが、はじめは深い意味はなかったと思う》(『故郷七十年』講談社学術文庫)。柳田は、自然主義についてかなり理解していたはずです。一つには、そこに「実験」という観点があったからです。それはたんなるリアリズム(写実主義)ではなかった。例えば、柳田が、花袋の『重右衛門の最後』を高く評価したのは、そのためだと思います。花袋自身はツルゲーネフの影響で書いたといっていますが。

『重右衛門の最後』を書いた時など、私はわざわざ訪ねて行って、「これは一番同情ある作品だった」といってほめた。今も私はあの作品には感心している。(中略)その次に「蒲団」が出た時は、私はあんな不愉快な汚らしいものといって、あの時から田山君にけちをつけ出した。重要な所は想像で書いているから、むしろ自然主義ではないことになる。(中略)

その後に、いわゆる私小説のような、何にも何処にも書き伝うべきものがなくても、毎日々々ぼんやりして考えていることを書きさえすれば、小説になるというような傾向を生じたが、あれはどうも蒲団なんかがその手本になり、こんなことまでも小説になるという先例

になったと私はみている。それで私はよく田山君の顔をみると「君が悪いんだよ」などと無遠慮にいったものである。(同前)

ところで、文学ではなく、医学のレベルとなると、「実験」はたんに困難であるだけでなく、時には重大な危険を孕む問題となります。実際、軍医としての鷗外は、まさに医学のレベルで、「実験」の問題に悩まされたのです。具体的にいうと、日本の陸軍を悩ませた脚気の原因をめぐる問題です。脚気という病はヨーロッパになかったため、伝染病によるという説が主流となりました。それに対して、海軍の軍医総監の高木兼寛が統計的データにもとづいて麦飯の採用を主張したのですが、鷗外は賛同しなかった。麦飯と脚気改善の相関関係が証明されていないから、科学的根拠がないというのです。

高木の考えでは、脚気はタンパク質の不足によるものであり、ゆえに彼は、米よりタンパク質を多くふくむ麦がよいと主張したのです。現在では、脚気の原因はタンパク質の不足ではなく、ビタミンB1の不足であることが分かっています。しかし、脚気の真の原因がどうであれ、事実として、いち早く麦飯を取りいれた海軍で脚気が消えたのに、陸軍ではますます多くの者が脚気に悩まされた。日露戦争(一九〇四―〇五年)においても、陸軍の脚気死亡者は二万七八〇〇名（海軍はほとんどなし）だといわれています。戦死者数は四万七〇〇〇人ですが、彼らの多くも脚気にかかっていたと思われる。いっそ名誉の戦死を遂げたほうがましだと思って突撃した者が多かったようです。

高木が、麦飯にすると脚気が減ったという実験的事実から推測した脚気の原因についてたとえまちがったとしても、麦飯を採用したのは賢明であったといえます。ただ、私はつぎのような疑問を禁じ得ません。もし経験的な事実にもとづくのであれば、脚気が精白米によって生じることは、徳川時代にそれが〝江戸の患い〟と呼ばれたことからも推測できたはずではないか、と。実際、一九一〇年には、農学者の鈴木梅太郎が米の糠《ぬか》からオリザニン（ビタミンB1）を抽出しました。ただ、陸軍で麦飯が採用されなかったことには、別の理由があるようです。徴兵されてきた兵士らが、軍隊で白米を食べられることを楽しみにしていたということです。

この脚気問題に関して、鷗外は公的には、自分の誤謬を認めず、また責任も認めなかった。しかし、それを感じていたことは疑いありません。おそらく官僚として、この過程を聞き知っていた柳田は、「実験」の困難を痛感したはずです。ここで、あらためて柳田の言葉を引用します。《実験というのは素養ある者の、計劃あり予測ある観察のことである。これには忍耐と、疑いを解こうとする熱情とを要するのである》（「実験の史学」『柳田國男全集27』ちくま文庫）。

2

しかし、柳田の「実験」性は、医学、あるいは自然科学に限定されるようなものではありません。それは、彼の父親がやっていた国学にかかわる問題でもあるのです。最初に述べたように、柳田は父の平田神道をそのまま受け継いだわけではありません。つまり、彼は父から国学や神道を受け継いだとしても、平田篤胤のように独断的な態度をとることはなかった。その意味で、柳田は、「国学」といわずに、たんに「古学」、つまり、古代の人間の在り方を探究する学問を唱えた本居宣長に似ているといえます。

宣長は、儒教・道教を「漢意《からごころ》」、仏教を「仏意《ほとけごころ》」として批判しましたが、同時に、日本の神道をも漢意に染まっていると批判したのです。神道学者らがいう日本固有の神道なるものは、実は、仏教や道教・儒教から得た理論を用いて体系化したものにすぎない。神道は、そのような理論ではなく、「事実」、いいかえれば現実に人が生きている有り様に見出されなければならない。その意味で、学問は「実験」でなければならない。そこで、宣長は「古《いにしえ》の道」を『古事記』に見出そうとした。そして、自らの学問を神学や国学ではなく、たんに「古学」と呼んだのです。
しかるに、篤胤はそれを「国学」にしてしまった。だからそれは、幕末の排外的な思想として機能したのです。むろん、藤村が気づいたように、篤胤はたんなる排外主義者ではなかった。また、篤胤には、宣長になかった美点があったといえます。柳田の考えでは、宣長の学問には致命的な欠陥がある。それは文献だけに依拠した、ということです。ところが、篤胤はそうではなかった。したがって、柳田は篤胤の独断性を批判しながら、それを全面的に斥けることはなかった。というより、ある意味で、宣長よりもむしろ、篤胤の線でやろうとしたように見えるのです。

本居宣長《もとおりのりなが》翁の「玉勝間《たまかつま》」を読むたびに、その着眼点の凡ならず、夙《つと》に国民の歴史が今日の一転回期に到り向うべきことを洞察していたことに驚歎する。同書には一ヶ所ならず「ゐなかに古《いにし》へのわざの残れる事」のごとき民俗誌家に深い印象を与える文章が多い。察するに伊勢松坂の鈴屋《すずのや》の書斎へは、多数の知識慾に燃えた青年が諸国から集って来て、たまたま異なる遠国の人同士が落ち合った場合などは、話はどうしても各自の郷土の生活の比較になり、普通の好奇心のある人ならば、耳を傾けまたは筆記せずにはおられなかったことであろう。

伴信友《ばんのぶとも》、平田篤胤《あつたね》のごとき人が宣長の傾向を幾分受け継いだが、大人《うし》自身はその生涯を古典訓詁《くんこ》の業に傾け尽されたことは時運の力とはいえ惜しいことであった。信友翁は書物以外の事実にもずいぶんよく注意し、少なくとも若狭《わかさ》一国のことだけは進んで探訪しようとしたようである。篤胤翁なども地方人の話を悦《よろこ》んで聴き、今日の民俗誌家のごとく著述の上に諸国のことを引用していることは、独断家の翁のことであるだけに注意せられる。(「民間伝承論」『柳田國男全集28』ちくま文庫)

「ゐなかに古《いにし》へのわざの残れる事」という宣長自身の言葉は、まさにフランス言語地理学のエッセンスを言い当てるものです。にもかかわらず、宣長はそれを重視することなく、「古典訓詁の業」に勤しんだ。篤胤はそれに満足できなかったのです。

先に述べたように、古事記によれば、人は死んだら黄泉の国、根の国、つまり、地底の国に行くと考えられています。宣長の考えでは、それは禍津日《まがつび》の神によってもたらされたものであり、人はその運命を免れない。宣長は、人が仏教で悟りを得たから、あるいは救済を信じるから、もはや死に拘泥しない、などというのは、漢意的な欺瞞であるというのです。しかるに、その一方で、宣長は浄土教の門徒であり、遺言書、葬式の手はずを詳しく書き残した。

この謎が、篤胤らを悩ませたことについてもすでに述べました。柳田も、宣長のいう「根の国」に関して、つぎのようにいっています。《根の国を暗いつめたい土の底と考えるなどは、一種神道家の哲学と名づくべきもので、彼等は死者の穢《けが》れを厭《いと》うあまりに、この解説を仏者に委《ゆだ》ね去り、清い霊魂の問題に対してまで、時代に相応するだけの研究をし終《おお》せなかったように思う》(「海上の道」『柳田國男全集1』ちくま文庫)。

それに対して、篤胤は、宣長が仏教に任せたこの問題を、神道学者として解決しようとしたといえます。その場合、彼は古事記などの史料だけに依存しなかった。例えば、江戸で話題となった霊能者の少年、寅吉に関心を抱き、養子にして九年間世話をしました。寅吉は、神仙界を訪れ、そこの住人たちから呪術の修行を受けて帰ってきた、という人物でした。篤胤はこの「天狗小僧」から聞き出した異界・幽冥の世界の有り様を『仙境異聞』(一八二二年)にまとめました。さらに、『勝五郎再生記聞』『幽郷真語』『古今妖魅考』など、幽なる世界の奇譚について書き考察しています。

しかし、これをもって「実験」的であるとはいえません。柳田もそう思わなかった。むろん、それは彼が霊能者の話をたんに斥けたからではありません。柳田が実験と見なすのは、各地で採集した多くの話を「比較」しようとすることです。民俗学とはそのような実験なのです。その結果、「根の国」に関して、柳田はつぎのように考えた。

宣長がネの国を地底と見なしたのは、ネに根という漢字を当てたために生じた誤解にすぎない。例えば、ネは、沖縄ではニライと呼ばれるものに対応し、海の向こうの世界を意味します。ところが、ネを漢字で根と記述した結果、地底の世界だと考えられるようになってしまった。そうでないことを知るためには、民間の経験を調べなければならない。柳田が、宣長が「文献」だけに頼り、「実験」をしなかったと批判したのは、この意味です。そして、そのために、柳田は民俗学を実験の手段としたといえます。《民俗学はむしろ神道史研究を志す学問、もしくは神道史もまた民俗学の重要なる項目の一つなのであります》(「神道と民俗学」『柳田國男全集13』ちくま文庫)。

一方、篤胤は、異界・幽冥の世界について霊能者から聞いただけではありません。彼はむしろ、そのような知を書物から得ようとした。特に彼が影響を受けたのは、マテオ・リッチの著作です。リッチは、ザビエルが日本から中国に渡って死んだ年にイタリアに生まれ、ザビエルが所属していたのと同じイエズス会の宣教師として中国に渡った神父です。彼は中国で漢文を習得し、キリスト教(天主教)の教えを『天主実義』で書いただけでなく、世界地図の『坤輿万国全図』(一六〇二年)、ユークリッド幾何学の漢文訳『幾何原本』(一六〇七年)などを刊行し、ヨーロッパの科学や文化を伝えた。それらが広く東アジア一帯で読まれたのです。

リッチは仏教や道教は否定しましたが、儒教の本義については、国家の正しい統治を目指すものであるからキリスト教と矛盾しないと考えました。したがって、中国人が天や祖先、あるいは孔子を祀ることを許容した。『天主実義』は、西士(当人)と中士(儒者)との対話という形で書かれたもので、朝鮮や日本にも伝わりました。ヨーロッパでも、のちに哲学者のライプニッツが、中国にいたイエズス会宣教師との文通を通して、リッチの考え方を知って賛同し、つぎのように述べています。《リッチ神父が、中国古代の哲学者は、上帝つまり天上にいる王である至高存在とそれに臣従する多くの精霊の存在を認め、それらを崇めているといい、中国人はそうした仕方で真なる神についての知識をもっていると主張したとき、彼は決してまちがってはいなかったのです》(「中国自然神学論」『ライプニッツ著作集10』工作舎)。

平田篤胤は、マテオ・リッチの『畸人十篇』を翻訳し、『霊能真柱』や『古史伝』では、キリスト教の全能の創造神、三位一体、原罪、死後審判の考えをとりいれました。すなわち、天之御中主神《アメノミナカヌシ》を創造神、宇宙を支配する唯一神とみなし、さらに、高皇産霊神《タカミムスヒノカミ》、神皇産霊神《カミムスヒノカミ》を三位一体として見る。また、宣長が世の悪を「禍津日神」という神に帰しているのに対して、篤胤はそれを人間の責任にしました。さらに、宣長が人間はすべて黄泉の国に行くといったのに対して、死後に審判があると考えた。

篤胤は以上のようにキリスト教の教義を取りこんだのですが、問題は、つぎの点にあります。彼は、それらはそもそも日本に発したものであり後に外に輸出されたものだという特異な「本地垂迹説《ほんじすいじゃく》」をとった。本地垂迹説はもともと中国で仏教が伝えられたのちに始まった考えなのですが、日本では、仏教が渡来して以後、日本の神々と菩薩の関係を説明するための理論として使われました。例えば、大日如来が本地であり、天照大神はその垂迹だ、という。篤胤はその理窟を踏襲して独自に発展させたわけです。ここから、宣長の「古学」になかったような「国学」が生まれた。それはたんなる国粋主義ではなく、すべてが日本に発するというタイプの国際主義です。先に述べたように、柳田はそのようなものを「空なる世界統一論者」と呼んだのです。このような「国学」は、宣長から見れば、「漢意《からごころ》」だというほかありません。

3

『夜明け前』の青山半蔵は、山林を古代のように共同所有によって村人皆が自由に使えるようにする改革を求め、農民による森林の使用を制限する尾張藩を批判していました。王政復古による「世直し」とは、そのようなものです。明治維新の結果、半蔵は戸長となり、いよいよ木曽山林の解放運動に奔走することになったのですが、それは実現されることはなかった。森林は、尾張藩の手から離れたものの、天皇所有の公有地とされてしまったのです。共同所有権を取り返そうとした半蔵は、挫折し狂死してしまった。

この半蔵は、藤村の父の島崎正樹をモデルにしたものですが、藤村自身は『夜明け前』を書くまで、実際においても創作においても、これに類する活動に一切コミットしていません。それに比べて、柳田国男は、その父松岡約齊が藤村の父正樹のような政治的活動をしなかったにもかかわらず、ある意味で、正樹が行ったことに類する活動をしたのです。それを平田神道と結びつけたわけではありませんが。

柳田は大学の学位論文「三倉改革」で、イギリスでロバート・オーウェンによって始められた協同組合に対応するものを朱子に見出す仕事をしただけでなく、実際に、農商務省の官僚として、そのような仕事に取り組みました。しかし、彼の考えは少数派にとどまるほかなかった。主流は、ドイツから導入された、小農保護と農業生産力の向上を目指す政策でした。それに対して、柳田の考えは「中農養成策」と呼ばれたのですが、彼は別に貧しい小農を無視したのではありません。彼が提唱したのは、国家による農民の保護ではなく、農村における「協同自助」です。《農業組合なるものは小農を存続せしめてこれに大農と同じ利益を得せしむる方法であるのであります。一言にして申せば大農の欠点を除いて大農の利益を収め、小農の欠点を除いて小農の利益を収める折衷策と見做されているのです》（「時代ト農政」『柳田國男全集29』ちくま文庫）。

そのために、彼は「購買生産組合」、「共同耕作組合」、「開墾組合」、商業や金融をふくむ協同組合の設立を唱えたのですが、受け入れられず、農商務省から法務省（法制局）に移されてしまいました。しかし、彼はある意味で、それ以後も協同組合について考えつづけたといえます。例えば、彼が後に書いた『山の人生』で、法務省に保管されていた資料で読んだ犯罪事件を引用しています。それは飢饉のとき、山奥で、炭焼きの男が、二人の子供に殺してくれといわれて、夕日が射《さ》す中で、二人の首を打ち落とした、という事件です。

柳田は、この事件に、深い絶望を見た。このような事件が生じたのは、飢饉のせいだけではなく、人々が互いに孤立しているからだ、と考えたのです。そして、彼らの貧困を「孤立貧」と呼びました。柳田にとって、「貧しさ」はたんに物質的なものではなかった。農村の貧しさは、むしろ、人と人の関係の貧しさにある。これから脱するには「協同自助」しかない。柳田が協同組合について考えたのは、そのためです。《共同団結に拠る以外に、人の孤立貧には光明を得ることはできないのであった》(「明治大正史 世相篇」)『柳田國男全集26』ちくま文庫)。

柳田は一九〇八年に調査旅行で宮崎県の山岳部にある椎葉村を訪れたとき、そのような「協同自助」が現に存在するのを見出して深い感銘を受けて、つぎのように記しました。そこは焼き畑農業と狩猟をやっていた村でした。

(前略)此山村には、富の均分というが如き社会主義の理想が実行せられたのであります。『ユートピア』の実現で、一の奇蹟であります。併し実際住民は必しも高き理想に促されて之を実施したのではありませぬ。全く彼等の土地に対する思想が、平地に於ける我々の思想と異って居るため、何等の面倒もなく、斯《かか》る分割方法が行わるるのであります。(「九州南部地方の民風」『柳田國男全集23』筑摩書房)

彼がここでいう「ユートピア」は、まさにトマス・モアが書いた『ユートピア』とつながっています。モアにとって、ユートピア(どこにもない場所)は、実は、現存したのです。一六世紀末のイギリスでは、領主らが、羊毛をオランダに輸出するために、農地から農民を追い出して牧草地とした。それが「エンクロージャー」(囲い込み)と呼ばれるものです。これに憤激したトマス・モアは、イギリスでは羊が人間を喰っていると書いた。そのとき、彼はそれと対照的に、アメリゴ・ヴェスプッチが『新世界』という本で伝えた、ブラジル地域の先住民の共同所有社会を「ユートピア」として見出したわけです。

同様の意味で、椎葉村は柳田にとって、「ユートピア」でした。といっても、彼はそれを西洋の経験や思想だけから得たのでありません。なぜなら、「協同自助」を実現する運動が日本にもあった、というより、彼の身近にあったからです。例えば、それは、木曽山林の平田神道派の運動です。藤村の父はそれに取り組んだ。その息子が晩年に『夜明け前』を書いたのですが、彼自身はこのような問題に取り組むことはなかった。それに比べると、柳田にはむしろ、その行動において、平田派の活動家に近いものがあります。

そもそも木曽山林の農民運動には、もっと普遍的な歴史的背景があるのです。トマス・モアがイギリスで経験したような変化は、その後に、別の地域でも起こりました。その一例は、一八四〇年代のドイツです。例えば、マルクスは学位論文を終えたあと、ライン新聞の記者となったのですが、彼が最初に出会った事件が、まさに「材木窃盗罪」に関するものでした。それまで農民は共有地で薪などを自由に得ていたが、その頃になって、それが「窃盗罪」とみなされるようになったのです。同じことが木曽山林地帯にもあったはずです。マルクスは当初、これを法律問題として扱おうとしたのですが、それでは不十分だと気づいて、その後、社会・経済史的な研究に向かった。その意味で、この事件がマルクスの出発点となった、といっても過言ではありません。

さらにいえば、エンゲルスは一八四八年の革命の挫折の後、一六世紀ドイツにあった「農民戦争」をとりあげました。それは、トマス・ミュンツァーによる千年王国運動(一五二四年)です。エンゲルスは、ミュンツァーにこそ「共産主義」を見出したのです。

ミュンツァーの宗教哲学が無神論につうじるところがあったように、彼の政治綱領は共産主義につうじていた。そして、近代の共産主義的宗派で、二月革命の前夜になってもまだその駆使する理論的武器庫の内容が一六世紀の「ミュンツァー派」のそれを越えなかったものは一つにとどまらなかったのである。この綱領——当時の都市平民の諸要求の総括というよりも、むしろこの都市平民のあいだにやっと発展しはじめたプロレタリア的分子の解放条件の天才的な予見であったこの綱領は、教会をその本来の姿にひきもどし、このいわゆる原始キリスト教的な、しかし、じつはきわめて斬新な教会に矛盾するいっさいの制度を除くことによって、神の国、すなわち予言された千年王国をただちに地上にうちたてることを要求した。しかし、ミュンツァーは、この神の国ということを、ほかでもなく、いかなる階級差別も、私的所有も社会の構成員にたいして自立的な、外的な国家権力も、もはや存在しない社会状態と解していたのである。（『ドイツ農民戦争』一八五〇年）

しかし、このような運動は西洋に限られるものではないし、キリスト教に限られるものでもない。これに類することが日本にもありました。例えば、一六世紀に加賀で百年ほど続いた一向一揆がそうです。むろん、これも一向宗あるいは仏教に限られたものではない。明治維新の前後に、平田派が起こした神道系の運動もそれに類似するのです。木曽山林の解放運動に平田神道が役割を果たしたことは確かですが、この場合、その宗教が何であるかは重要ではありません。それによって何がなされたかが問題なのです。だから、平田派が行ったことを受け継ぐとしたら、それは狭義の平田神道にこだわることではありえない。柳田が平田派神官の父の意志を受け継いだとしたら、そのような意味においてです。

先に述べたように、柳田自身は、平田派神道を痛烈に批判しています。《古書その他外部の材料を取って現実の民間信仰を軽んじた点、村々における神に対する現実の思想を十分に代表しなかったという点においては、他の多くの神道と古今その弊を一にしているのでありま す

（中略）要するに神道の学者というものは、不自然な新説を吐いて一世を煙に巻いた者でありま す。決して日本の神社の信仰を代表しようとしたものではありませぬ》（「神道私見」『柳田國男全集13』ちくま文庫）。それに対して、柳田は、《村々における神に対する現実の思想を十分に代表》することによって、いいかえれば、「固有信仰」を明らかにすることによって、「真の神道」を見出す必要がある、そのためには、民俗学が不可欠だ、と説いたのです。

4

私は先に、明治維新後、神祇省を握った平田派が「廃仏毀釈」を強行したあと、五年で失脚したことを述べました。この結果、神道の国教化が制度的に実現されるにいたったのですが、それはまた、平田派が追求していた復古＝社会革命を不可能にするものでした。のみならず、神道の国教化は、そこから外れた平田派神道はいうまでもなく、その他の神道系の諸宗教の存立そのものを危うくしたのです。

このことは、「大日本帝国憲法」（一八八九年）において明示された問題と関連しています。この憲法は近代国家の体裁をとって「信教の自由」を掲げていますが、つぎの条件付きです。

《日本臣民ハ安寧秩序ヲ妨ケス及臣民タルノ義務ニ背カサル限ニ於テ信教ノ自由ヲ有ス》(憲法第二八条)。さらに、重要なのは、この条文の公的な解釈として、神道は、キリスト教や仏教その他の宗教と区別され、「信仰」ではなく「敬神」の対象であるとされたことです。

明治国家は、神道を「信教の自由」によって選択されるような宗教と区別しました。すなわち、神道を他の宗教と同一レベルにおくことを禁じたのです。しかし、このような規定は神道の存在を担保するでしょうが、同時に、それを個々人の信仰とは異次元のものとしてしまいます。これによって被害を受けたのは、平田派だけではありません。例えば、様々な神道系の宗教(教派神道)から、大本《おおもと》教・天理教など多くの新興宗教が出現したのですが、その一部は国家神道の下で弾圧の対象となりました。というのも、それらは宗教である以上、敬神の対象であるべき神道を危うくすると見なされたからです。

神道が敬神の対象であって信仰の対象ではないという考えは、神道系の「宗教」にとって大きな打撃であっただけではありません。意外なことに、これは皇室にとっても深刻な問題でした。原武史は、神道は宗教でないという公的見解が、皇室の人々に、信仰を神道以外の宗教に求めるように促したことを指摘しています。具体的にいうと、明治天皇の皇后美子《はるこ》や大正天皇の皇后節子《さだこ》は幼い頃から日蓮宗に帰依していたし、昭和天皇の皇后良子《ながこ》は戦時中にもキリスト教の講義を受けていた。昭和天皇もまたカトリック信仰に近づいた。ゆえに、現在の皇后美智子が聖心女子大出身であることにも謎はない、ということです。彼女が皇太子妃となったことに関して、原武史はこう述べています。

皇太子妃(美智子皇后)は、表向きには宮中祭祀など皇室神道を尊重しつつも、根底にはやはりその信仰があるように見える。その信仰は貞明皇后がのめり込んだ「神ながらの道」とは対照的に、ナショナリズムを超えるものとして、今日まで一貫しているのではないか。皇太子妃の役割は、自らもカトリックに接近した天皇(昭和天皇)が結婚に際して期待したように、決してステロタイプ化した戦後の日米関係に還元されるわけではなかったのだ。(『皇后考』講談社、二〇一五年)

柳田国男がこのような国家神道の問題に直接関与するようになったのは、一九〇六年(明治三九年)の勅令によって、神社合祀政策がとられるようになったときです。これは小さな神社を廃して、一町村一神社とするものです。これは、神社を宗教ではなく行政手段として見るものです。この勅令によって、一九一四年までに、それまで全国で約二〇万社あった神社のうち約七万社が取り壊された。柳田はこう回想しています。

三重・和歌山の二県などは、神の森に樟《くす》や樅《もみ》・杉の巨木があったために、大阪辺の商人が背後から合祀の運動をするなどという悪評さえあった。私は直接関係しなかったが、南方熊楠《みなかたくま》楠《ぐす》という植物学者などは、これに憤慨してあばれまわり、刑事問題までも引き起した、その記録は今も保存せられている。（「氏神と氏子」『柳田國男全集14』ちくま文庫）

実は、そのあと、柳田と南方熊楠の交流が始まったのです。ある意味で、日本における人類学・民俗学の起源はこの二人が出会った時点にあったといえます。むろん、彼らの神社合祀反対の動機は違っていました。南方がむしろ自然環境の保存のために神社の保存を考えたのに対して、柳田が小さな神社の保存を目指したのは、そこに本来の神道への手がかりを見たからです。

柳田の考えでは、氏神とは先祖霊の融合体です。ゆえに、神社合祀は、そのような氏神を殺すことにほかならない。神道の国教化によって、神社は巨大化するだろうが、そこで祀られるのは国家であって、神ではない。小さな村の氏神・先祖神にこそ神道がある、というのが柳田の考えです。それが彼のいう「固有信仰」であり、民俗学はそれを明らかにするために不可欠なのです。

5

柳田はそのあとまもなく、郷土研究会(一九〇九年)を始め、さらに雑誌「郷土研究」(一九一三年)を始めた。つまり、民俗学的な研究を開始したわけです。しかし、それが柳田にとって、神道、あるいは古道の研究の開始を意味していたことに留意すべきです。「実験の史学」でも、彼はつぎのように書いています。《ここにおいてか実験の人文科学、すなわち各人自ら進んでわが疑いに答えんとする研究方法は企てられねばならぬ。新時代の国学は、必ずやこの方向に向って展開するものと私たちは信じている》(「実験の史学」『柳田國男全集27』ちくま文庫)。柳田が、これを「新時代の国学」と呼んだことに注意すべきです。むろん、それはいわゆる「国学」のように排外的思考ではありません。しかし、ある意味で、それはやはり「国学」なのです。

ただ、一九二〇年代では、柳田の研究における国学あるいは神道の面は目立たなかった。民俗学の面、というより、「公民の民俗学」の面が目立っていました。国学ないし神道の面が目立つようになったのは、一九三〇年代に、満州事変をきっかけにして戦争体制が急激に進められるようになった時期です。柳田がこの時期、ジュネーブ以来もっていた国際的志向を断念したのは事実です。あるいは、民衆の政治経済的な自立への鍵を民俗学に見いだすことを断念した、といってもいいでしょう。その意味で、柳田は〝転向〟したのです。彼はこの時期から、「一国民俗学」、あるいは、固有信仰の探求を積極的に始めたといえます。

いうまでもありませんが、この時期はまた、マルクス主義者が弾圧され、そのほとんどが〝転向〟するようになった時期です。それは一九二八年の大弾圧(三・一五事件)に始まり、一九三三年共産党幹部佐野学・鍋山貞親《なべやまさだちか》の転向声明によって決定的となりました。興味深いのは、このとき転向した中野重治をはじめとするマルクス主義者らが、柳田の門を叩くようになったことです。それは、彼らの運動に欠けていた認識を柳田に見出そうとするものでした。

しかし、柳田がこの時期から「一国民俗学」、あるいは、固有信仰の探求を積極的に始めたことは、戦争体制への迎合ではありません。その逆です。むしろ、柳田の弟子たちがとなえた比較民俗学のほうが、「五族協和」や「東亜新秩序」が唱えられた情勢に迎合するものです。また、柳田が固有信仰あるいは原始神道への探求を進めたことは、当時右翼によってかつがれた国学イデオロギーに迎合するものでもありません。その逆です。

柳田がいう固有信仰とは、簡単にいうと、つぎのようなものです。人は死ぬと御霊《みたま》になりますが、死んで間もないときは、「荒《あら》みたま」である。子孫の供養や祀りをうけて浄化されて、御霊となる。それは一定の時間が経つと、一つの御霊に融けこむ。それが神(氏神)です。氏神すなわち祖霊は、故郷の村里をのぞむ山の高みに昇って、子孫の家の繁盛を見守ります。生と死の二つの世界の往来は自由です。祖霊は、盆や正月などにその家に招かれ共食し交流する存在となる。現世に生まれ変わってくることもあります。

しかし、実は、このような考えはありふれたものではない。日本人の多くは聞いたこともないはずです。例えば、普通は先祖といっても、近年に死んだ身近な先祖のほうが大切とされ、それを祀るついでに、先祖総体が祀られるだけです。さらに、父系の先祖のみが考えられており、また、一故人のための法要が何回も行われる。つまり、いつまでも祀られる特別な魂と、そうでないものとが差別されています。しかし、固有信仰では、そのような区別はありません。すべての霊が祖霊集団に融けこんでしまっていると同時に、それぞれが個別的に存在する。

このような柳田の考えは、一九四五年四月に書き始められ、戦後まもない一〇月二二日に書き終えられた『先祖の話』に集約されるといえます。ある意味で、これはかなり前から彼が表明していた意見です。例えば、「祭礼と世間」でも、つぎのように述べています。《我々の親たちの信仰に従えば、神輿《みこし》の中には神様が乗っておられる。これは事実であって、詩でもなく空想でもない》(『柳田國男全集13』ちくま文庫)。《右のごとき言伝えの真偽については、自分は別に学者の鑑定を乞いたいとも思わぬ》(同前)。

これは、乱暴な神輿が警察によって弾圧された事件に対して、柳田が当局、ひいては国家神道を批判したものです。彼がいいたいのは、氏神が国家的な制度ではなく、宗教であるということです。つまり、氏神は「敬神」ではなく「信仰」の対象である。すでに私は、柳田が神社合祀令に反対して運動し、そこから郷土史研究、すなわち、柳田民俗学が発展してきたことを述べました。ただ、その時点で、彼はまだ、固有信仰としての神道について十分に取り組んだとはいえません。

彼が本格的にそれに取り組んだのは、『神道と民俗学』や『日本の祭』(共に一九四一年)を書いたときです。それらは、彼がかつて「祭礼と世間」で述べたことの延長です。しかし、太平洋戦争の終りごろに書き始められた『先祖の話』には、それ以前に書かれたものとは異なる切迫感があります。このとき、柳田は敗戦を予期していたと、私は思うのです。

『先祖の話』の最後に、柳田はつぎのように書いています。《連日の警報の下において、ともかくもこの長話をまとめあげることができたのは、私にとっても一つのしあわせであった》。官僚筋の知り合いの多い柳田にとって、敗戦が近いことは自明であり、むしろそれに備えてこれを書いたのです。例えば、敗戦の直前、つぎのように書いています。《早朝長岡氏を訪う、不在。後向うから来て時局の迫れる話をきかせらる。夕方又電話あり、いよいよ働かねばならぬ世になりぬ》(『炭焼日記』一九四五年八月一一日)。

柳田は一九三〇年代に、それまでの「実験の史学」を断念して、固有信仰の探究に向かった。それが書かれたのが『先祖の話』だといえます。しかし、この時、彼はまもなく新たな「実験」の時が来ることを予感していた。例えば、つぎのように書いています。《もちろん始めから戦後の読者を予期し、平和になってからの利用を心掛けていたのではあるが、まさかこれほどまでに社会の実情が、改まってしまおうとは思わなかった》。《今度という今度は十分に確実な、またしても反動の犠牲となってしまわぬような、新たな社会組織が考え出されなければならぬ》。

戦後において「新たな社会組織」という場合、通常は、政治・経済的な観点からそれを考えるでしょう。むろん柳田もそのような観点から考えているのですが、ただ次の点で違います。「新彼がいう「社会組織」には、生きている者だけでなく、死者、祖霊が入っているのです。「新たな社会組織」は、生者と死者、あるいは人間と神の関係をもふくむものです。もっと具体的にいえば、柳田はこの時、戦死者の弔いのことを考えていました。《少なくとも国のために戦って死んだ若人だけは、何としてもこれを仏徒のいう無縁ぼとけの列に、疎外しておくわけには行くまいと思う。もちろん国と府県とには晴《はれ》の祭場があり、霊の鎮まるべき処はもうけられてあるが、一方には、家々の骨肉相依るの情は無視することができない》(『先祖の話』)。

柳田の考えでは、外地で死んだ若者たちの霊には行くところがない。いわば、裏山のような場所がないからです。彼らが、国家神道が作った靖国神社のような空疎な所に行くはずがないのは当然です。そこで、柳田は、子孫をもうけることなく死んだ若者たちの養子となることを提案しています。彼らを先祖にするためです。

さらに、柳田がいう「新たな社会組織」は、このような戦争を二度と起こさないようなものにすることを意味しています。柳田が敗戦の三日前に《いよいよはたらかねばならぬ世になりぬ》と書いたとき、長く封印してきた「実験」の時が到来したことを感じていたはずです。実際、彼は枢密院顧問として新憲法制定の審議に加わったのです。ここで重要なのは、新憲法、特に九条が一九二八年のパリ不戦条約に由来するものだということです。この条約は、国際連盟と同様に、カント的な理念にもとづいて作られた。その意味で、一九二〇年代の「歴史の実

「験」の一環だといえます。ここから見れば、柳田が戦争末期に、一九三〇年代に抑えていた「実験」を再試行する機会がいよいよ到来した、と考えたのは明らかです。

占領軍の総司令官マッカーサー将軍は、のちの回顧録で、九条を提案したのは幣原《しではら》首相だと書いています。幣原はかつて外交官としてパリ不戦条約に立ち会った人です。しかし、実際には、九条を推進したのは米占領軍内の左派（ニューディーラー）たちです。彼らは、パリ不戦条約の精神だけでなく、文言そのものを九条で用いています。ただ、彼らは朝鮮戦争が始まる時期にパージされてしまいました。マッカーサーはその時点で九条の廃棄ないし改正をはかったのですが、吉田茂首相に拒否されてできなかったのです。それは吉田の意見というよりも、発布された九条が日本人に支持されており、それに反するような政権がとうてい成り立たないことが誰の目にも明白になっていたからです。

私はこのことについて、『憲法の無意識』（岩波新書）で詳しく論じましたが、今それに付け加えていいたいのは、枢密院におけるこの新憲法の審議に、柳田国男が顧問として参加していたことです。もちろん、柳田が九条について言及したという資料はありませんが、彼が「新たな社会組織」を考える上で、戦争における死者を念頭においていたのは確実です。彼にとって、憲法九条は、過去および未来の死者にかかわるものであったはずです。この憲法は、西洋におけるカント的な理念に発するものであり、もっと遡っていえば、アウグスティヌスの『神の国』に発するものです。しかし、柳田はそれとは別の観点から、やはり「神の国」について考えていた、ということができます。戦争末期に、柳田はつぎのように書きました。

私がこの本の中で力を入れて説きたいと思う一つの点は、日本人の死後の観念、すなわち霊は永久にこの国土のうちに留まって、そう遠方へは行ってしまわないという信仰が、おそらくは世の始めから、少なくとも今日まで、かなり根強くまだ持ち続けられているということである。これがいずれの外来宗教の教理とも、明白に喰い違った重要な点であると思うのだが、どういう上手な説き方をしたものか、二つを突き合せてどちらが本当かというような論争はついに起らずに、ただ何となくそこを曙染《あけぼのぞめ》のようにぼかしていた。（「先祖の話」『柳田國男全集13』ちくま文庫）

空と海とはただ一続きの広い通路であり、霊はその間を自由に去来したのでもあろうが、それでもなおこの国土を離れ去って、遠く渡って行こうという蓬萊《ほうらい》の島を、まだ我々はよそにもってはいなかった。一言葉でいうならば、それはどこまでもこの国を愛していたからで

あろうと思う。（同前）

だから、柳田にとって、外地で戦死した若者をどうするかが、何よりも大事でした。それはまた、二度とこのようなことを起こさない、という「社会組織」を作ることにもなるでしょう。そして、それが憲法九条です。しかも、これは柳田にとって、日本を「神の国」にすることを意味したのです。敗戦の間近いことを予感しながら、柳田は「神国日本」について、つぎのように述べました。

日本は神国なり。こういう言葉を口にしていた人が、昔は今よりもさらに多かった。私は実はその真意を捉えるのに苦しんだ者だが、少なくともこの一つの点で、すなわち三百年来の宗旨制度によって、うわべは仏教一色に塗り潰《つぶ》されてから後までも、今に至ってなおこれに同化し得ない部分が、この肝要なる死後信仰の上に、かなり鮮明に残っているということに、心付いたのは嬉《うれ》しかった。（中略）現在もほぼ古い形のままで、霊はこの国土の中に相隣して止住し、徐々としてこの国の神となろうとしていることを信ずる者が、たしかに民間にはあるのである。そうして今やこの事実を、単なる風説としてでなく、もっと明瞭に意識しなければならぬ時代が来ているのである。信ずると信じないとは人々の自由であるが、この事実を知るというまでは我々の役目である。（同前）

この意味での「神国日本」は、「神国日本」を唱えて帝国主義的膨張政策を強行した連中が消えてしまう戦後にこそ可能である。柳田はそう考えたのではないかと、私は思います。これは宣長のいう「古道」の回復と同じことです。ただ、それを宣長のようにたんに文献によってではなく、また、篤胤のような理論的独断によってでもなく、「実験」によって示すことです。そして、この意味でならば、柳田が戦後に「新国学」を唱えたとき、父松岡約齊の思いを受け継いだといえるでしょう。

第二部　山人から見る世界史

1　柳田国男のコギト

近代哲学はデカルトとともに始まるとされる。そのため、デカルトはいつも、近代哲学の構え——精神と身体、主観と客観の二元論——に対する批判の標的となってきた。しかし、私は哲学書を読み始めた十代の頃から、一貫してデカルトのファンであり、そのような紋切り型の批判にうんざりしていた。一九六〇年代には、デカルト批判は新たな形をとるようになった。すなわち、構造主義である。たとえば、レヴィ＝ストロースは、コギトの明証性から出発したデカルトに対して、「私は他者である」と述べたルソーを称賛し、そこに人類学の祖を見た。

しかし、私はそのような見方に納得がいかなかった。デカルトはたんに部屋に閉じこもって考えたようなタイプではない。その逆に、彼は未開社会をふくむ世界各地を放浪しながら考えた。『方法序説』を書いたのも、オランダに亡命して一〇年ほど経ったあとである。彼はこう書いている。

このように世間という書物を研究し、いくらかの経験を獲得しようとつとめて数年を費やした後、ある日私は、自分自身をも研究しようと、そして私のとるべき途を選ぶために私の精神の全力を用いよう、と決心した。そしてこのことを、私は私の祖国を離れ私の書物を離れたおかげで、それらから離れずにいたとした場合よりも、はるかによく果たしえた、と思われる。

『方法序説』を読む限り、デカルトは自己あるいは主観の明証性から出発する近代哲学の祖のようにはみえない。むしろ、その逆である。私からみると、レヴィ＝ストロースは、彼が称賛するルソーよりもむしろ、デカルトに類似している。数学的な構造に立脚したこともふくめて。

ただ、デカルトが主観から出発する思想家だという批判がどこから来るのかを考えると、その原因は二つあると思われる。第一に、『方法序説』でデカルトは、いわば「われ疑う」ということを論じていたのに、最後に、急に「われ思う」に変えたことである。「われ思う」(Cogito)であれば、自己意識だとみなされてもやむを得ないだろう。しかし、「われ疑う」(Dubito)は「われ思う」とは異なる。「疑う」ことは、異なる言語や文化の体系の間にあるときにのみ可能である。また、「疑う」ことは、たんに「思う」ことと違って、強い意志を必要とする。

したがって、疑うがゆえに、「われ」が存在する、といっても不適切ではない。スピノザは、コギト・エルゴ・スムは三段論法なのではなく、「私は思いつつ、ある」という意味だと主張した（『デカルトの哲学原理』岩波文庫）。これはデカルトの批判というよりも擁護である。スピノザ的な言い方でいえば、デカルトの「われ疑う、ゆえにわれあり」とは、「われは疑いつつ、あり」ということだ。したがって、デカルトがコギトと呼ぶものは、自己意識あるいは主観のようなものではない。むしろ後者の自明性を「疑いつつある」ことこそが、デカルト的なのである。

次に私の気になったもう一つの問題がある。それは、彼がこの論文をフランス語で書いていたのに、なぜ後の『省察』では、ラテン語でCogito ergo sumと書いたのか、ということである。これはむしろ、なぜデカルトがそもそもフランス語で書いたのか、と問うべきことかもしれない。当時、学術的な論文はラテン語で書くのが普通であったからだ。そして、彼がこれをフランス語で書いたことによって、フランス語は哲学を論じられるような言語となった、といえるだろう。実際、これは哲学だけでなく、その後のフランス語に大きな影響を与えた。そのおかげで、フランス語の文章が「明晰かつ判明」を指標とするようになった、ともいわれている。

では、彼がこれをフランス語で書き、最後にラテン語に戻ったのはなぜなのか。それは論考を学術的に見せるためだとは思えない。近年になって、私はこう考えるようになった。デカルトは、フランス語でje(われ)として顕在しているものを、ラテン語にすることによって打ち消そうとしたのではないか、と。

フランス語はラテン語から派生したロマンス語の中に数えられているけれども、ゲルマン語に近いところが少なくない。例えば、一人称の主格はラテン語ではego, スペイン語ではyo, イタリア語ではioであるが、一般に省略される。動詞の語尾から人称や単数・複数がわかるからだ。ところが、フランス語では、ドイツ語や英語と同様に人称が明示される。

デカルトが主観(思惟主体)をもってきたのは、フランス語でJe pense, donc je suisと考えたからである。それをラテン語でいうと、jeは動詞の語尾変化の中に隠れてしまう。このことは、イタリア語やスペイン語でも同様である。だから、主観(思惟主体)の存在を強調しようとすると、フランス語でなければならない。であれば、彼が後に、それをラテン語で書いたのはなぜか。当初私は、これは論考を学術的に見せるための気取りではないのか、と思った。が、哲学の勉強をするうちに、そうではないということに気づいた。

デカルトがいう主観(主体)は、われ(自己)とは別であり、一人称で指示されるようなものではない。ところが、フランス語でいうと、あたかも主観が経験的に存在するかのような誤解が生じる。経験的な自己と同一視されるといってもよい。のちに、カントはデカルトが見出した主観を、そのような経験的な自己と区別して「超越論的主観」と呼んだ。これは一人称で指示されるような自己とは異なるものだ。だから、ラテン語のように、それが動詞の語尾変化の中に潜んでいるほうが、誤解が生じにくいのである。

とはいえ、いずれの言語が彼のような省察をもたらしたのかと問うのは愚かしい。デカルトのコギトは、むしろフランス語とラテン語の間の視差(パララックス)から生じたというべきだろう。「われ疑う」とは、複数のシステムの「間」にあることにほかならない。実は、私が以上のような事柄を想起したのは、柳田国男の「毎日の言葉」を読んだときである。彼は、「知らないわ」というような文末の「わ」は一人称人称代名詞だという。

明治時代の女学生が、明治のお婆様からよく笑われていたのは、アルワヨ・ナイワヨなどと、ワの後へわざわざヨをくっつけるからで、単に言葉のしまいにワを添えるだけならば、もう江戸時代といった頃から、東京にもあって珍しいことではなかったのです。(中略)男のワに至っては、京阪地方ではむしろ普通であります。(『柳田國男全集19』ちくま文庫)。

文末の一人称代名詞はさまざまなかたちをとる。関西では文末に「わ」だけでなく、「わい」「かれ」「かい」を付けるし、九州では「ばい」や「たい」を付けるだろう。しかし、それらはすべて一人称代名詞である。《口語では文句の終りに「我は」を附けるのが、むしろ全国を通じた法則だったかと思われます》と、柳田はいう。

近年では、大阪弁の影響のせいか、東京でも男が文末の「わ」を使うようになった。例えば、「先に行ってるわ」などという。しかし、「わ」が一人称代名詞であるとは考えられていない。ただの文末詞だと考えられている。それを一人称代名詞として扱った者は、柳田国男以前にはいなかった。

そもそも日本語では、主語というべきものはない。主語と見えても、実際は修飾語のようなものである。日本語における「主語」は、明治以後、英文法にもとづいて考案されたのである。また、人称代名詞は、西洋小説の翻訳を通して変わった。例えば、「かれ」という言葉は、黄昏(誰《た》そかれ)という言葉が示すように、ジェンダーと無関係に使われていたのだが、もっぱら男性を意味するものとし、女性については「彼女」というようになった。

「彼女」などという奇態な表現は、最初は耐えがたかったはずである。しかし、人々は翻訳小説を通して慣れていった。『重右衛門の最後』(一九〇二年)で、田山花袋はつぎのように書いている。

諸君！　これでこの話は終結《おわり》である。けれど猶一言、諸君に聞いて貰わなければならぬ事がある。それは、その翌日、殆ど全村を焼き尽したその灰燼の中《うち》に半《なかば》焼けた少女《おとめ》の死屍《しし》を発見した事で、少女は顔を手に当てたまま打伏《うつぶし》に為って焼け死んで居た。かれは人に捕えられて、憎悪の余、その火の中《うち》に投ぜられたのであろうか、それとも又、独り微笑んで身をその中《うち》に投じたのであろうか。それは恐らく誰も知るまい。（強調引用者）

ここでは、焼け死んだ少女が「かれ」と呼ばれている。ところが、その五年後に書かれた『蒲団』では、冒頭から、つぎのように書かれている。《これで自分と彼女との関係は一段落を告げた》。むろん、これだけから、この五年の間に生じた花袋の変化を推しはかることはできない。ただ、つぎのようにいってよいだろう。『重右衛門の最後』は前近代的な村の世界を描いたものであり、そこに「彼女」などという表現を持ちこむのはおかしい。逆に、近代文学にもとづく師弟・男女関係を描いた『蒲団』では、『重右衛門の最後』のような「語り」はありえない。

このような問題は、その後も残っている。例えば、一九八〇年代に、近代文学を批判しそれ以前の物語表現を取り戻そうとした中上健次は、彼・彼女のような代名詞を斥けた。しかし、今やそのような代名詞がないと不便であるだけでなく、逆に不自然に見える。それは最晩年の中上の小説『軽蔑』をみれば明らかであろう。彼や彼女という表現を斥けたため、中上は主人公らの名を連呼せざるをえなかったのである。

日本の言語学者、橋本進吉や時枝誠記らは、日本語における〝主語〟は英文法の強引な適用にすぎないと考え、それを重視しなかった。三上章にいたっては、主語廃止論を唱えた。しかし、もし主語が修飾語のようなものであるならば、それが文末に置かれていても構わないはずである。つまり、文末の「わ」が人称代名詞として機能するのだと見てよい。ところが、柳田以前に「わ」を一人称代名詞として見た国語学者はなく、また、現在でも柳田の見解はまったく無視されている。柳田は、方言の比較研究(実験)をおこなわなかった国語学者に対して、つぎのように皮肉をいっている。

日本語は代名詞の不用な言語、少なくとも代名詞の使用度の少ない国のようにいう人があるのは、言わば文章の本ばかりで、日本語を学び得たと思っている先生方であります。(中略)私を文の始めに置かねばならぬようにしたのは、漢語か英語かは知らず、とにかく外国語かぶれのようであります。(「毎日の言葉」『柳田國男全集19』ちくま文庫)

デカルトの「コギト・エルゴ・スム」を、「われ思う、ゆえにわれあり」と訳してきたのも、そのような「外国語かぶれ」であった。そして、柳田は、「われ」にこだわる者たちからも、「われ」をこばむ者たちからも遠ざけられてきた。しかし、そう見えないが、実は柳田は、デカルト的な在り方を貫徹したひとである。そこで、私は「コギト・エルゴ・スム」をつぎのように関西弁に訳し直すことを提案したい。《思うわ、ゆえに、あるわ》。

2　何か妖怪

柳田国男が民俗学に向かった時期、「怪談」が流行し、また、「妖怪」のブームがあった。しかし、彼が民俗学に向かい、「山人《やまびと》」に関心を抱いたのは、そのためではない。また、それは先住民が山に残っているという観点からだけでもなかった。彼は一九〇〇年に大学を卒業したあと、農商務省・法務省の役人として、実際に「山」にかかわったのである。

この時期に妖怪のブームを起こしたのは、柳田ではない。『妖怪学』を書いた井上圓了である。近年、井上圓了といえば、妖怪の研究者で、漫画家水木しげるの大先輩のような人だと考えられている。しかし、彼は明治初期には、井上哲次郎と並ぶ哲学者であった。そして、彼が「妖怪学」という講座を開いたのは、哲学を民衆に説く方便として、である。妖怪といっても、お化けの類ではなく、今なら人が幻想と呼ぶものに相当する。例えば、国家は共同幻想だというかわりに、国家は妖怪だというようなものだ。

とはいえ、圓了はいわゆる妖怪を徹底的に調査し、文学的装飾なしにそれを記録した。現在、日本の漫画・小説などで引用される妖怪はほとんど、圓了の著作にもとづいている。彼は、妖怪が幻想であることを人々に説いてまわった。その意味で、彼は啓蒙主義者であった。しかし、妖怪を全面的に斥けたのではない。

彼の考えでは、妖怪にはいくつかの種類がある。いわゆる妖怪は仮象であり、自然科学によって真相を解明できる。しかし、そのような仮象が除かれたあとに、人は真の妖怪(真怪)に出会う。それは、この自然世界そのもの、カントでいえば物自体である。実は、圓了は、明治の浄土真宗から出てきた宗教改革者だった。そして、彼は仏教的認識を、哲学として、さらに、それを妖怪学として語ろうとしたのである。彼は大学を出た後、どこにも属さず、自分で学校

（後に東洋大学）を創設した。型破りの人物であり、むしろ彼自身が妖怪であった、といえる。

圓了が妖怪を捜し回ったのはなぜか。妖怪が真の仏教的認識（真怪）を妨げるからだ。しかし、真の仏教的認識を妨げているのは、現に存在する寺院仏教である。それこそが否定すべき妖怪なのだ。つまり、圓了の妖怪論は、仏教における宗教改革にほかならなかった。ところが、彼の意図を超えて、妖怪論がブームとなったわけである。

一方、柳田国男は圓了の妖怪論を嫌った。それは妖怪についての見方が違ったからである。ただ、ある意味で、類似したことを考えていたともいえる。圓了は、妖怪を真の仏教的認識（真怪）から堕落した形態だと見なした。一方、柳田の見方では、妖怪とは、かつて神的な存在であったのに、仏教のような宗教が到来したために追われて零落した存在である。

柳田はそのような考えを、ハイネの『流刑の神々』から学んだといっている。《我々が青年時代の愛読書ハインリッヒ・ハイネの『諸神流竄記《りゅうざんき》』などは、今からもう百年以上も前の著述であったが、夙《つと》にその中には今日大いに発達すべかりし学問の芽生《めばえ》を見せている》（「青年と学問」『柳田國男全集27』ちくま文庫）。ハイネの考えでは、ヨーロッパのゲルマン世界にキリスト教が入ってきたために、森に遁れた従来の神々が妖怪になった。柳田はそれを日本に応用して、『一つ目小僧』を書いた。つまり、「一つ目小僧」などの妖怪は、仏教に追われて隠れた古来の神々だというのである。

柳田は各地で山人を探索しようとしたが、見出したのは、天狗や妖怪のような伝承だけであった。ゆえに、それらは村人の「共同幻想」として片づけられた。しかし、柳田はそこにこそ、山人、あるいは固有信仰を見ようとしたのである。

山人を追求する過程で、彼は「山の人生」、すなわち、山地に生きる民の生態について、より詳細な知識を得た。例えば、『山の人生』では、マタギやサンカ、焼畑農民、その他の漂泊民について書かれている。むろん、彼らは山人ではない。したがって、柳田は彼らを、山人と区別して山民と呼んだ。なお、音声上紛らわしいので、以後、山民を山地民と呼ぶことにする。

私の考えでは、山人は原遊動民であり、山地民はいちど平地に定住した後に遊動民となった人たちである。山人と山地民の違いは、彼らの平地民に対する関係において明瞭になる。山地民はかつて平地に定住したことがあるだけでなく、また、その後も何らかのかたちで平地と関係する。そして、彼らの平地民に対する態度はアンビヴァレント(両価的)である。すなわち、敵対性と同時に依存性、軽蔑と羨望が混在する。

一方、山人は平地民によって、しばしば天狗や仙人として表象される。それは畏怖すべきものではあるが、敵視されるようなものではない。彼らは平地民に対して、特に善意がないとしても、悪意もない。要するに、山人は自足的であり、平地民に対して根本的に無関心なのだ。ゆえに、山人に出会うことは至難である。

柳田はまた、山人を探る手がかりを、日本の植民地統治下にあった台湾の原住民に求めた。彼らはもともと中国・東南アジアの山岳地帯から移動してきて、一度平地に定住した人たちである。彼らが大陸から侵入してきた漢族に追われて山に遁れたのは、一六世紀である。したがって、柳田はついに山人の存在を確認できなかったが、山地民の中に、その痕跡を見出した。

例えば、彼が農商務省の役人として調査のために訪れた宮崎県椎葉村で見た焼畑・狩猟民がそうだ。彼らはすでに農業技術をもっている。それは、彼らがかつて平地にいたことを証すものである。彼らはたえず平地民と交易している。このように、山地民は、平地民と深い関係をもつ点で、原遊動民である山人とは違っている。だが、山地民も遊動性をもっており、そのことが、平地の定住民にないような社会的特質を与えている。

椎葉村で柳田が驚いたのは、《彼等の土地に対する思想が、平地に於ける我々の思想と異って居る》ことである。柳田にとって貴重だったのは、彼らの中に残っている「思想」である。柳田は農政学者として協同組合について理論的に考えてきたが、ここに、「協同自助」の実践を見出した。それは「ユートピヤ」の実現であり、「一の奇蹟」であった。「富の均分というが如き社会主義の理想」が実現されていたからだ(七四頁参照)。

彼らの場合、共同所有と生産における「協同自助」は、焼畑と狩猟に従事するということ、つまり遊動的な生活形態から来るものである。そこに、遊動的な山人の名残りが濃厚にあるといえる。柳田に感銘を与えたのは、そのことである。彼が「山人」について書き始めたのは、椎葉村を訪れたあとである。したがって、彼が「山人」に関心を抱くようになったのは、妖怪や天狗のような怪異譚のためではない。柳田が驚いたのは、農民の協同組合を要とする彼の農政理論において目指していたものが、現にそこにあったからだ。

それから間もなく執筆した『遠野物語』の序文に、柳田はこう記した。《国内の山村にして遠野よりさらに物深き所にはまた無数の山神山人《やまのかみやまひと》の伝説あるべし。願わくは之を語りて平地人を戦慄せしめよ》。この激越な序文は、椎葉村での認識から来ている。したがって、これは、当時ブームとなった妖怪、すなわち、お化けの類によって平地民を戦慄させることではありえない。妖怪といっても、それは、マルクスが『共産党宣言』の冒頭で書いたような妖怪である。「一つの妖怪がヨーロッパをさまよっている——共産主義の妖怪が。旧ヨーロッパのあらゆる権力が、この妖怪を退治するために神聖な同盟を結んでいる」。

ちなみに、つぎのような事実がある。マルクス(一八一八—一八八三)はハイネ(一七九七—一八五六)と一八四三年から二年ほど、亡命先のパリで親しくつきあった。ハイネが『流刑の神々』(一八五三年)を構想したのは、この時期である。また、一八四八年にマルクスはエンゲルスとともに『共産党宣言』を刊行した。その意味では、二つの異なる「妖怪」は同じ源泉をもつといってもよい。

3　山人の歴史学

柳田国男は長期にわたって多くの仕事をしたが、一貫して抱いていた主題は山人である。彼はそれについて、主として『遠野物語』(一九一〇年)や『山の人生』(一九二六年)で語ったが、その後はほとんど語らなくなった。そのために、山人への彼の関心は、若い時期のロマン派的な関心であり、また、それらの仕事が照明したのは、山人の有り様よりも、それを表象する村人の「共同幻想」(吉本隆明)であると考えられるようになったのである。

しかし、柳田は、常民あるいは農民大衆の心性を探求したことは事実であるが、山人を彼らの共同幻想に還元したりはしなかった。その逆に、彼は歴史的な実在としての山人を生涯追い続けたのである。柳田は、山人は日本の先住民で、稲作を行う人々が到来したあと山地に逃れた者であるという仮説を立て、それを実証しようとした。ところが、それを示す史料は神話しかない。例えば、国《くに》つ神が天《あま》つ神に追われたというような。ゆえに、柳田はそれを民俗学的な調査によって果たそうとしたのである。彼は次のように述べた。

そこで最終に自分の意見を申しますと、山人すなわち日本の先住民は、もはや絶滅したという通説には、私もたいていは同意してよいと思っておりますが、彼等を我々のいう絶滅に導いた道筋についてのみ、若干の異なる見解を抱くのであります。私の想像する道筋は六筋、その一は帰順朝貢に伴う編貫《へんかん》であります。最も堂々たる同化であります。その二は討死《うちじに》、その三は自然の子孫断絶であります。その四は信仰界を通って、かえって新来の百姓を征服し、好条件をもって行く行く彼等と併合したもの、第五は永い歳月の間に、人知れず土着しかつ混淆《こんこう》したもの、数においてはこれがいちばんに多いかと思います。

こういう風に列記してみると、以上の五つのいずれにも入らない差引残、すなわち第六種の旧状保持者、というよりも次第に退化して、今なお山中を漂泊しつつあった者が、少なくともある時代までは、必ずいたわけだということが、推定せられるのであります。ところがこの第六種の状態にある山人の消息は、きわめて不確実であるとは申せ、つい最近になるまで各地独立して、ずいぶん数多く伝えられておりました。それは隠者か仙人かであろう。いや妖怪か狒々《ひひ》かまたは駄法螺《だぼら》かであろうと、勝手な批評をしても済むかも知れぬが、事例は今少しく実着でかつ数多く、またそのようにまでして否認をする必要もなかったのであります。（「山の人生」『柳田國男全集4』ちくま文庫）

この中で、最も謎めいて見えるのは、道筋「その四」である。おそらくこれは、柳田のいう「固有信仰」の問題と関連すると思われる。柳田が固有信仰について考えるようになったのは、山人説を引っ込めたあとである。しかし、それで山人説をあきらめたわけではなく、もともと山人の問題に含まれていた可能性の一つに論点を移しただけだといえる。それについては後述する。

柳田は「山人」が実在すると考えたが、それを実証することはできなかった。彼が見出したのは「山民」（山地民）だけである。そのため、彼は初期から唱えていた説を引っ込めるほかなかった。その後の柳田は、非農業民を無視し、もっぱら平地の農民を「常民」として扱うようになったと批判されている。また、日本人の民族的・文化的多数性を無視するようになったと批判されている。

このような見方に私は賛同できない。柳田は「山人」あるいは「やまにある古い日本」を放棄したわけではない。南方熊楠などの学者らに批判されて、渋々引っ込めただけである。柳田は初期にこう述べた。《現在の我々日本国民が、数多《あまた》の種族の混成だということは、実はまだ完全には立証せられたわけでもないようでありますが、私の研究はそれをすでに動かぬ通説となったものとして、すなわちこれを発足点と致します》(「山の人生」同前)。彼はこの「発足点」を一度も放棄しなかったといってよい。

柳田は一九三五年に「一国民俗学」を唱えた。しかし、それはナショナリズムを唱えることではなく、むしろその逆である。この時期、柳田の弟子を中心とする、民俗学の学者らが、日本の大陸侵攻に呼応するかのように、「比較民俗学」を唱え始めた。そこには、各民族文化の多様性を保持しながら統合するという「大東亜共栄圏」のイデオロギーがあった。それは国際性を掲げるナショナリズムにすぎない。柳田が急に「一国民俗学」を唱えるようになったのは、それに異議を唱えるためである。

赤坂憲雄は『東北学/忘れられた東北』(講談社学術文庫)で、柳田が山人を否定することによって「一つの日本」を作ろうとしたと批判し、それに対して、日本文化の多様性を強調した民族学者の岡正雄の意見を持ってきた。岡の考えでは、日本民族・日本文化は、この列島に渡来してきた者によって複合的・重層的に形成された。《日本固有文化は、南中国、江南地域、インドネシア方面から渡来したいくつかの農耕民文化の分厚い地盤の上に、支配者文化が被覆してできあがった混合文化であるといってよい》(『岡正雄論文集　異人その他』岩波文庫)。

しかし、岡正雄はそのような説を、柳田を批判するために立てたのではない。それは本来、柳田の「発足点」を受け継ぐ考えであった。だからこそ、彼は一九二五年、まだ二七歳の新進学徒であった時期に、柳田に抜擢されて雑誌『民族』を共同編集しえたのである。その後、岡はウィーンで学び、帰国後、国策機関である民族研究所を設立した。それは日本の戦時体制(大東亜共栄圏)に合致し、かつ、ナチズムとつながる「比較民族学」を広布するためであった。柳田はそれを拒否して「一国民俗学」を唱えたのである。

さらにいえば、戦時下に柳田が『先祖の話』の中で、「固有信仰」を強調したとき、それも好戦的・排外的ナショナリズムを意味するものではまったくなかった。その逆に、外地で戦死した若者たちは先祖(神)になれず、さまようほかない、ということを意味していたのだ。柳田にとって、靖国神社などは、明治の国家神道にもとづく虚構でしかなかった。要するに、柳田はこのような侵略戦争は固有信仰に反すると考えていたのである。

4　原無縁と原遊動性

私は柳田国男が「山人」に固執したことを強調した。通常は、そう考えられていない。むしろその逆に、柳田の学問は、常民＝定住農耕民に準拠しているということで、批判されてきたのである。そのような批判を強めたものとして、一つには、網野善彦の史学がある。しかし、網野自身は柳田学を標的としたわけではなかった。むしろ、柳田が初期に開いた可能性を受け継ごうとしたといったほうがよい。

網野の学問は、講座派マルクス主義の中から生まれ、且つそれと格闘しつづけることによって形成されたものである。講座派の観点では、前近代の日本社会では、領主(武士)と農民という生産関係が主要であり、その他のことは副次的な派生物とみなされる。それに対して、網野が重視したのは、交通(交換)の次元である。彼は農業共同体の外にいた、芸能的漂泊民、漁撈民を評価した。そこに天皇制国家を越える鍵を見ようとしたのである。そして、そこから政治的・観念的上部構造をとらえなおした最初の仕事が、「中世における天皇支配権の一考察」(一九七二年)であった。

ここで網野は、「中世における天皇支配権」の基盤を非農業民に見ようとした。この新たな視点は以来、日本の歴史学を揺るがし活気づけた。同時に、それは常民＝稲作農耕民の立場に立つと目された柳田民俗学への批判をもたらした。それはまた、つまり、脱領域性、多様性、遊動性を唱導する、この時期の「現代思想」――ドゥルーズ＝ガタリがいう「ノマドロジー」に代表される――と共鳴するものでもあった。

だが、一九九〇年代、冷戦の終わりとグローバル資本主義の下で、状況が変わってきた。例えば、以前はラディカルにみえた「ノマドロジー」が、新自由主義に適合するイデオロギーと化したのである。今でも「ノマドの勧め」という類のビジネス本を見かける。最初は孤立していた網野史学が、学界を越えて広く社会的に受け入れられるようになったのも、こうした変化のためである。例えば、企業からも歓迎されるようになった。晩年の網野善彦がそれに深い違和を感じていたことは疑いない。

しかし、このような問題が生じた理由の一端は、遊動民あるいはノマドがすべて同一視されていることにある。英語でも、nomad は遊牧民だけでなく各種遊動民を意味する。それらに共通点があることは確かである。しかし、重要なのはむしろ、それらの差異である。柳田国男が山人と山地民を区別したのは、そのためである。別の言い方でいえば、前者は定住以前のノマドであり、後者は定住以後に生まれたノマドである。遊牧民や芸能的漂泊民は、その意味で山地民に類似する。

このタイプのノマドは、定住性とそれに伴う従属性を拒否するが、彼ら自身、一度定住した者であり、また定住者と深くつながっている。例えば、遊牧民は定住農民社会を斥け嫌悪しながら、彼らに依拠する交易を行い、また時には、農民共同体を征服して支配する国家を形成する。柳田がいう山地民に関しても同様のことがいえる。彼の考えでは、日本の武士は本来、そのような山地民、狩猟採集焼畑農民であった。

このタイプのノマドは、現存する国家に対抗するとしても、国家それ自体を否定するものではない。むしろ新たな国家を作りだすだけである。例えば、網野は南北朝時代、後醍醐天皇が非農業民や〝悪党〟と結託することによって武家政権に対抗したことを重視した。が、このような遊動民(悪党)は暗黙裏に、国家とつながっている。ゆえに、たとえ現政権が打倒されても、べつの天皇制政権ができあがるだけである。したがって、ここに天皇制を揚棄する鍵を見出すことはできない。さらにいえば、このような遊動性・脱領域性によっては、資本主義に対抗することができない。なぜなら、資本こそそのような性質をもつからだ。

しかし、網野には、もう一つのタイプのノマドについての考えがあった。それは定住以前の遊動狩猟採集民にかかわる。彼は『無縁・公界・楽』（一九七八年）の最後で、それを「原無縁」という言葉で語っている。

さきに、最も未開な民族には、アジールが見出し難いといったが、人類の最も原始的な段階、野蛮の時代には、「無縁」の原理はなお潜在し、表面に現われない。自然にまだ全く圧倒され切っている人類の中には、まだ、「無縁」「無主」も、「有縁」「有主」も未分化なのである。この状況は「原無縁」とでもいうほかあるまい。

さらに網野は、文明以前には「原無縁」としてあった無縁の原理が、国家成立後も脈々と続いていること、それが日本の「無縁・公界・楽」の根底にあること、また、西洋における自由・平等・友愛の思想の根底にあることを示唆している。さらに、本書は『共産党宣言』と似た、つぎのような予言で終わっている。

原始のかなたから生きつづけてきた、「無縁」の原理、その世界の生命力は、まさしく「雑草」のように強靭であり、また「幼な子の魂」の如く、永遠である。「有主」の激しい大波に洗われ、瀕死の状況にたちいたったと思われても、それはまた青々とした芽ぶきをみせるのである。日本の人民生活に真に根ざした「無縁」の思想、「有主」の世界を克服し、吸収しつくしてやまぬ「無所有」の思想は、失うべきものは「有主」の鉄鎖しかもたない、現代の「無縁」の人々によって、そこから必ず創造されるであろう。

重要なのは、定住農民に依拠したと見なされる柳田国男が終生追求した「山人」こそ、まさに網野がいう「原無縁」に対応するということである。私自身はそれを、「原遊動性」(U)と呼んでいるのだが、それは定住以後には失われ、また忘却されたものである。それについて実証的に語ることはできない。

現在残っている遊動民は、すでに定住したことのある人たちである。例えば、カラハリ砂漠のブッシュマンは、かつて定住したところを追われた人たちである。レヴィ＝ストロースが書いているブラジルの遊動民(ナンビクワラ族)も、かつて定住していたことが判明している。つまり、今われわれが出会うのは、原遊動民ではない。彼らは一度定住したのち、山、砂漠、ジャングルのように、人が来ない厳しい環境に逃れた人たちである。本来の遊動民は、もっと恵まれた環境にいたはずだ。だから、現在の遊動的狩猟採集民と異なるのは当然である。

原遊動民について考えるためには、現存のさまざまな狩猟採集民の観察にもとづいて推測するほかないが、それには限界がある。したがって、柳田は最終的にそれを「固有信仰」の問題として語り、網野もまた、それをポエティックに語った。しかし、私は、原遊動民がいかなるものかを理論的に把握することは可能だと考える。マルクスは『資本論』の序文でこう述べた。「経済的諸形態の分析では、顕微鏡も化学的試薬も用いるわけにいかぬ。抽象力なるものがこの両者に代わらなければならぬ」。原遊動性に関する考察に必要なのは、この「抽象力」である。次節でそれを論じよう。

5　原父と原遊動性

柳田国男が山人＝原遊動民を追求したことは、彼の弟子を含む民俗学者・人類学者たちによって斥けられた。そのことが想起させるのは、フロイトが書いた『トーテムとタブー』に起こったことである。この論考は人類学者一般に斥けられただけではなく、フロイト派のなかでさえ棚上げしたい汚点のように扱われているからだ。

フロイトはここで、氏族社会における「兄弟同盟」あるいは互酬原理の成立を説明するために、つぎのような仮説を立てた。原始段階にすべての女を独占する原父がいた。そして、その父を息子たちが結束して殺した。彼らは父に対して両価的な感情を抱いていたので、父を殺したあと、悔恨、罪感情をもつとともに、父を敬うようになり、父が禁じたこと(タブー)を自分たちもタブーとするようになった、というのである。

このような説はいま述べたように、今日ではまったく斥けられている。「原父」は存在しなかった。それは、氏族社会の後にできた家父長的・専制君主を、氏族社会以前に投射したイメージにすぎない。しかし、それなら、氏族社会に存する互酬原理はどこから来たのか。マルセル・モース以後の人類学者は、あたかも人類が最初からそれを備えていたかのように考えている。が、そんなはずがない。先ず、原遊動民の段階では、互酬制は存在しなかったし、その必要もなかった。

それが始まったのは、人類が定住化してからである。定住すると、蓄積が始まり、「不平等」、したがって、階級や国家、いいかえれば「原父」のような存在が生じる可能性がある。それを妨げるのが、贈与の互酬としてのトーテミズムである。それは原父殺しによって始まったのではない。その逆にトーテム饗宴とは、放置すれば生じるだろう原父の出現を避けるために、あらかじめ「原父殺し」を行うことだ、といえなくもない。

とはいえ、現実には原父も原父殺しも存在しなかった。また、人々は「不平等」が生じることを避けるために、意識的に贈与の互酬原理を設定したのではない。それは彼らの意志を超えて強迫的に到来したのである。フロイトはその強迫性を「原父殺し」から説明しようとしたのだが、では、「原父」を否定するとしたら、それをどう説明すればよいのか。実はこの難問は、フロイト自身がその後に得た省察にもとづくことによって解決できる、と私は考える。それは「快感原則の彼岸」（一九二〇年）と題する論文で提起された、「死の欲動」の理論である。

それまでのフロイトは、「快感原則と現実原則」という二元性で考えていた。現実原則とはいわば「社会」が課す原則である。そして、快感原則は個人の無意識の欲動にある。それは通常、現実原則によって抑制されているが、一定の状況ではその欲動が解放される。例えば、夢・祭式・戦争などにおいて。したがって、フロイトは第一次大戦の最中でも、こう考えていた。《戦争はわれわれから、より後期に形成された文化的層をはぎとり、われわれのなかにある原始人を再び出現させる。（中略）（しかし）われわれは、この盲目性が、興奮が醒めると同時に消えさるのを希望することができるのだ》（「戦争と死に関する時評」『フロイト著作集５』人文書院）。

ところが、フロイトは、そのような考えを根本的に修正しなければならない事態に直面した。

彼が戦後に出会った戦争神経症患者の場合、戦争は「消えさる」どころではなかった。彼らは、毎夜戦争の夢を見て飛び起きていたのだ。フロイトの考えでは、夢の機能は何よりも、人に睡眠をもたらすことであるというのに。彼はこのとき、現実原則と快感原則という二元的枠組では説明できない事柄に気づいた。《反復強迫は快感原則をしのいで、より以上に根源的、一次的、かつ衝動的であるように思われる》（「快感原則の彼岸」『フロイト著作集6』人文書院）。彼はそれを「死の欲動」と呼んだ。

その場合、フロイトが強調したのは、死の欲動が能動的な役割を果たすという側面である。例えば、戦争神経症の場合、反復強迫は戦争のショックに発する受動的なもののように見える。しかし、彼が注目したのは、逆に、この夢にある一種の能動性、つまり、外傷を自ら再現することによってそれを乗り超えようとする性質である。このことは、フロイトが「自我とエス」（一九二三年）で超自我という概念を提起したことにつながっている。

それに近似する概念は初期からあった。例えば、『夢判断』（一九〇〇年）で述べられた、夢の「検閲官」である。夢では、目覚めている時には抑えられていた快感原則が解放されるのだが、全面的にではない。それは現実原則による検閲を通して変形される。ゆえに、夢は不可解なものとなる。この「検閲官」とは、現実原則、もっと具体的にいえば、親を通して子供に内面化された社会的な規範のようなものである。しかし、「自我とエス」という論文で明確にされた「超自我」は、それとは異質である。つまり、親や世間とは別である。検閲官による規制が他律的であるのに対して、超自我はむしろ自律性を可能にする。

超自我のこのような性質は、「ユーモア」という論文(一九二八年)において明瞭に示されている。フロイトはユーモアに関して、「月曜日、絞首台に引かれていく罪人が「ふん、今週も幸先がいいらしいぞ」といった」というような例をあげている。これは負け惜しみと似ているが、聞いた者は、負け惜しみに対しては感じないような快感を与えられる。《ユーモアには、たとえば機知などにおいては全然見られない一種の威厳が備わっているのである。なぜなら、機知とは、ただ快感をうるためだけのものであるか、ないしはそのえられた快感を攻撃欲動の充足に利用するだけであるから》(「ユーモア」『フロイト著作集3』人文書院)。

つまり、機知は快感原則にもとづくが、ユーモアはその「彼岸」にある。フロイトは超自我を、抑圧し検閲するものとしてではなく、「おびえて尻込みしている自我に、ユーモアによって優しい慰めの言葉をかけるもの」として見出している。超自我はむしろ、自我の自律性を支援するものである。その意味で、検閲官が外から来るものであるのに対して、超自我は内部から来る、といえる。とはいえ、それは自我にとって、あたかも外から来るかのように、強迫的に到来するのだ。

フロイトによれば、死の欲動とは、有機体が無機質であった状態に戻ろうとする衝迫であり、それが外に向けられたのが攻撃欲動である。つぎにこの攻撃欲動が内に向けられたとき、それは「超自我」となり、攻撃欲動を自ら抑えるようになる。その意味で自律的である。

ここから、『トーテムとタブー』の議論をふりかえってみよう。そこにあるのは、快感原則に従っていた兄弟たちが原父を殺すことによって結果的に原父が与えた「現実原則」を内面化したという筋書きである。しかし、今や、原父を想定する必要はない。超自我は外から来るのではなく、内から来るのだ。つまり、それは「死の欲動」がいったん攻撃性として外に向かったのちに、内に向かって戻ってくるときに成立する。したがって、原父や原父殺しがなくても、厳しい自律性が可能になるのである。しかも、それは彼らの間に原父的な存在が生じることを不可能にする。（その意味では原父殺しだといえなくもない。）

このように見ると、原遊動民が定住した後に互酬原理が生まれたことを、原父殺しに訴えることなく説明できるはずである。遊動民のバンド社会では、構成員は少数であり、また、いつでも他人との関係を切断できた。その意味で、彼らの社会は「無機質」であった。しかし、定住以後の社会では、それらが多数結合された「有機体」になる。それは葛藤・相克に満ちた状態である。

そこでは、無機質に戻ろうとする「死の欲動」は、先ずそれを妨げる他者に対する攻撃欲動となる。そこで、さまざまな葛藤が生じる。それらが解消されるのは、他に向けられる攻撃欲動が内部にふり向けられたときである。それが集団全体を律する強迫的な掟としてあらわれる。それが互酬原理である。それは、このような不安定で葛藤に満ちた有機体的状態から、安定した無機質的な状態にもどろうとする「死の欲動」に由来すると見てよい。

くりかえすと、互酬原理(交換様式A)は、フロイトの言葉でいえば、「抑圧されたものの回帰」として生じた。したがって、それは反復強迫的である。だが、定住によって「抑圧されたもの」とは、原父のようなものではなくて、「原遊動性」(U)である。その回帰は、不平等を許さない兄弟同盟を作り出す。そして、それが国家の出現を妨げる。したがって、氏族社会は、上から禁止によって縛られた抑圧的な社会なのではない。それは、原父のような専制的権力あるいは国家の出現を決して許さない誇り高い社会なのだ。

例えば、モンテーニュは『エセー』でつぎのようなことを記した。アメリカのインディアン社会では、首長は権力や名誉をもつのだが、誰もがそれを望むわけではない。むしろ首長になることを激しく拒絶する。というのは、首長には数々の重い責務があるからだ。旅行者に、首長の特徴は何なのかと聞かれて、原住民は、それは戦いのときに先頭に立って進むことだと答えた。ブラジルの遊動狩猟採集民を調査したレヴィ＝ストロースは、彼らの口から、四世紀も前にモンテーニュに感銘を与えたのとまったく同じ言葉を聞いて驚嘆した、と語っている(『悲しき熱帯』中公クラシックス)。

6　武士と遊牧民

通常、遊動的な狩猟採集民が定住すると、次第に農耕・牧畜を開始し、そこで階級社会と国家が発生すると考えられている。しかし、ここで注意すべきことが幾つかある。一つは、すべての者が新たな段階に適応するのではない、ということである。すでに述べてきたように、多くの者がそれに反撥して周辺に遁れることが少なくない。

もう一つは、この過程は不可逆的ではない、ということである。ピーター・ベルウッドは、かつての農耕民が狩猟採集民に転じた例をあげている。ニュージーランドのマオリ族はポリネシア諸島で農耕をしていたのに、そこから移住後に狩猟採集民に転じた(『農耕起源の人類史』京都大学学術出版会、二〇〇八年)。世界史を考えるときには、こういう反転の可能性をも考慮に入れなければならない。

ジェームズ・C・スコットは、中国の雲南省からラオス、ベトナム、ビルマ、タイの山岳一帯(ゾミア)に住む山地民について考察し、彼らは原始的な山岳民族の末裔だといわれているが、そうではなく、もともと平地にいて、国家を拒否して山に逃げた人たちだ、という(『ゾミア』みすず書房、二〇一三年)。また、彼らは平地民とたえず交易し、さらに、平地に降りて国家を形成することもあった。スコットはつぎのように述べている。《東南アジアで過去数千年も行われてきた焼畑と採集は、社会進化における灌漑稲作の前段階ではない。むしろ「二次的な適応」であり、主に政治的な選択を示すものなのである》(同前)。つまり、彼らは平地でやっていた農業を放棄して、焼畑と狩猟採集に切り替えたのである。さらに、そのような「二次的適応」が、彼らの社会形態を変えた。

固定化した相続可能な土地財産が恒久的な階級形成を促すのと同じように、共有地は生業に欠かせない資源へのアクセスを平等化し、村とリネージの頻繁な分裂を可能とする。この点で辺境の共有地は平等主義を維持する要になっているようだ。地勢の生みだす抵抗という観点から見ると、彼らは国家の中心からかなり離れたところに暮らしており、狩猟採集、牧畜、焼畑など、より移動的な生業習慣をもつほど、平等主義をかかげ、国家をもたないことが多い。国家による共有地の囲いこみと侵害は、どこであれ、そのような生活様式を脅かす。（同前）

また、国家を拒否した彼らは、時には平地に降りて、国家を形成した。むろん、それに失敗すれば、また、山地に遁れ、焼畑狩猟民に戻る。ゆえに、この変化は可逆的なものである。

しかし、以上のような点は、ここまでに説明してきたように、一〇〇年ほど前に柳田国男が考えていたことである。柳田は、武士の起源をそのような山地民に見出した。一般には、武士は農民を支配する者だと考えられているが、柳田は近世にいたるまで、武士は農民であり、両者の区別はなかったという。

江戸期の学者が、古《いにしえ》は兵農一致と論じたのは有名なことであるが、人によってはこれを平時に武士が下人を指揮して、農業を営んでいたというだけに解して、武家も農家も古くは同一の団体の一分子であったというまでには思っておらぬものがあるかも知れぬ。しかしこれはそのような、中途半端なものではなくして、徹底的に武家すなわち農家であったことは疑いなき事実で、これがまた日本の社会のすこぶる誇るべき特色で、あるいは世の中が末になったごとく憤る人もある時勢に際して、吾々が将来の発展に対して、なおすくなからざる希望を持つ根拠である。(「家の話」『柳田國男全集20』ちくま文庫)

柳田が九州の山地に見た焼畑狩猟民も、実は武士である。したがって、彼はいう。《日本《にっぽん》では、古代においても、中世においても、武士《さむらい》は山地に住んで平地を制御したのであります。古代には九州の山中にすこぶる獰悪の人種が住んで居りました》(「九州南部地方の民風」『柳田國男全集23』筑摩書房)。しかし、彼らももともと山地にいたわけではない。古代の王朝国家を拒否した者、さらに、そこから逃亡した農民が山地で焼畑狩猟民に転じたのである。それに加えて、海や河川での「狩猟採集民」となった者がいる。すなわち、漁撈民(海民)である。

古代の王朝国家は、このような連中を制圧することができなかった。彼らを王朝国家の機構内に入れようとしたが手に負えず、結果的に、それを媒介して武士が国家権力を握るにいった。それが鎌倉幕府である。それでも、この時期にはまだ、武士は農民と一体であった。両者が分離されたのは、近世になってからだ。柳田によれば、その原因は、武器・戦術の変化であり、また、武士を農地から離れた城下に呼び寄せる必要が生じたことである。「兵農分離」という変化は、《日本の社会にとっては、後にも先にも比類を見ないほどの悲惨なる大革命であった》(「家の話」『柳田國男全集20』ちくま文庫)という。柳田にとって「悲惨」なのは、山地民にあった自由独立性が失われたことである。

日本におけるこのような変化は、世界史的な観点からは、どう見えるだろうか。世界史において、定住農民を制圧して領域国家や帝国を形成してきたのは、遊牧民である。が、遊牧民がいない所でも、同様のことが起こった。それを果たしたのが山地の狩猟・農民である。これは東南アジアの山地民一般に当てはまるが、特にベトナムにおいて顕著である。ベトナムは漢の時代から中国に統治されたが、それに対する山地民の抵抗が一〇〇〇年以上も続いた。ようやく中国の支配を脱した一一世紀以後、逆に、科挙を行うなど、高麗と同様に中国化が進められたが、他方で、山地民が残って執拗に国家に抵抗した。

ベトナムはその地形のシルエットだけを見ると、日本列島に似ているのだが、いわば日本海に当たる部分がラオスの山岳部である。そこに逃れ、また、そこから降りてくる山地民がベトナム社会の歴史を形作った、といってよい。それに比べると、日本の山地は規模が小さい。そのこともあり、武家政権ができたのちには、山地に逃げ込んで再び降りてくるというようなことはできなくなった。しかし、ベトナムでは、山地民がかなり近年まで抵抗したのである。それは、古くは『三国志演義』で諸葛亮孔明が越南（ベトナム）に遠征して苦戦する話からもうかがわれる。

もっとはっきりした史実がある。日本の武士がモンゴル（元）の攻勢を二度斥けたのとほぼ同じ時期に、ベトナムでも来襲したモンゴルを三度撃退している。しかも、台風（神風）によって救われた日本の武士と違って、陸戦において正面からモンゴルを撃退したのだ。それは、いうならば、狩猟民が遊牧民を撃退したということである。近年では、ベトナム戦争において米軍が敗北したことも、それを示している。彼らは、密林や地底から突然兵士が出てくるような戦法に手を焼いた。結局、枯葉剤で密林や草原を焼き払うことしかできなかった。そして、それが今に至る悲惨な結果を遺している。

ちなみに、狩猟民が国家を形成した例は、中南米にもある。例えば、増田義郎は、古代メキシコ中央高原に開化した農耕民文化（国家）ティオティワカンを滅ぼしたのは、周辺の狩猟民だと述べ、その過程をつぎのように説明している。

農業生産に基礎を置いた高文化が、北からの蛮族に犯された例は世界史上決して珍しくない。ヒクソスに侵入されたエジプト、匈奴《きょうど》に何度も圧迫された古代中国などは典型的な例である。遊牧民ないしは狩猟民は、農耕民と本質的に異なった文化を持つ。前者は移動的で、活動的で、軍事的だが、後者は、定住的で、保守的で、平和な人々である。農耕民の社会には、豊かな食糧と物質の蓄積がある。それをねらって狩猟民が襲いかかるわけだが、彼らは決して農耕民を根だやしにしたり全滅させたりはしない。ただ、彼らの首根っこをおさえて、生産物を貢物として差出させ、支配者として君臨するのである。初めのうち、狩猟民は、蛮勇なだけで、文化程度はいっこうに高くない。しかし、やがて、彼らは、支配する農耕民の高い文化の影響をうけて、だんだんと文明化してくる。そして、ある一定の時期になると、自分たちの卑しい過去の記憶を抹殺して、あたかも初めからすぐれた文明人種であったかのように振舞い、伝承者に記録させるのである。(『沈黙の世界史12　太陽と月の神殿／新大陸』新潮社)

しかし、この狩猟民も、原遊動民ではなく、すでに形成された国家を拒絶し、あるいはそこから逃亡した者たちである。また、侵入して国家を形成したのちに、狩猟民に戻った例も少なくないだろう。いずれにせよ、狩猟民と遊牧民は類似している。遊牧民がいない所では、狩猟民が同じことをしたわけである。なお、私はその他に漁撈民(海民)も加えたい。世界史的には北欧のヴァイキングが果たした役割が注目されているが、日本の武士でも、平家は漁民＝海賊を背景にしていた。

狩猟民、漁撈民、遊牧民はそれぞれ、山、海、草原（砂漠）に存在しているが、遊動的なあり方をしている点で共通している。また彼らは、山にせよ、海にせよ、草原にせよ、定住民社会の「間」に生きた。したがって、遊牧民・狩猟民・漁撈民は、同時に商人でもあった。略奪で知られるヴァイキングも、実際は交易を主としたのである。

だが、そのような類似性があるにもかかわらず、世界史では遊牧民が主要な役割を果たしたようにみえる。それは、古代文明が、東アジアでも西アジアでも、広大な平地で灌漑農業がなされたところに発展したからである。それを差配する国家を築いたのが「草原」、つまり平地から来た遊牧民であった。中でも、モンゴルは東西アジアをつなぐ世界帝国を形成した。それに比べて、「山」や「海」から来て国家を形成するケースは小規模であり、目立たない。実際、それが起こったのは、古代文明の中心ではなく、その周辺または亜周辺であった。

7　インドの山地民と武士

私は前節で（一二六頁参照）、柳田国男が、日本の武士がもともと山地の焼畑狩猟民であったこと、また、武士と農民が分離したのは近世のことにすぎないと主張していたことを述べた。この「兵農分離」は徳川時代の「士農工商」という身分制において完成された。柳田はこのような変化は、《日本の社会にとっては、後にも先にも比類を見ないほどの悲惨なる大革命であった》（「家の話」『柳田國男全集20』ちくま文庫）と述べたが、この「悲惨なる大革命」は、ある意味で、明治以後にも続いた、といわねばならない。例えば、明治維新以後、徳川時代の身分制が否定されたが、それまでなかった考えが支配的となった。それは武士道という観念の宣布である。だが、これは「兵農分離」を克服するものではない。

武士道の宣布が明治四年の徴兵制の発布とともに始まった。それは、日本人はすべて武士であり、したがって兵士とならねばならないということを意味する。徳川時代に農民や町人が、自分は武士だなどということは許されなかったし、いうはずもなかった。明治維新のあと、武士でなかった者を徴兵するために、武士道が説かれたのである。また、新渡戸稲造は西洋の騎士道とパラレルなものとして、英文で『武士道』を書いた。武士道とは、人が範とすべきノーブルな在り方だということになる。

一方、それに対する批判もあった。それはこの徴兵制によって人々が戦争に動員されたときに出てきた。例えば、日露戦争の際に、与謝野晶子は、「あゝをとうとよ、君を泣く、君死にたまふことなかれ」と歌った。武家ではなく堺の商人《あきびと》の子なのだから、戦《いくさ》で死ぬなどということは「家のおきて」にない、というのだ。明治末にはこのような感覚がまだ残っていたのである。さらに、つぎのような詩句が続く。「かたみに人の血を流し、／獣《けもの》の道に死ねよとは、／死ぬるを人のほまれとは、／大みこゝろの深ければ、／もとよりいかで思されむ。」

とはいえ、武士をこのように見ることも、別の意味で時代錯誤的である。例えば、「武士道とは死ぬことと見つけたり」(『葉隠』)というような考えが出てきたのは、徳川時代に武士が都市に住み、戦もしなくなってからの話にすぎない。要するに武士道とは、武士が不用となった時代に生まれた観念でしかなかった。

「兵農分離」以前、武士は「武芸」を売り物にする芸能者の一種であった。無闇に死んだり人を殺したりすることはなかった。武士は、もっと遡れば、山地で焼畑農業とともに弓矢で狩猟を行う人たちであった。確かに獣を殺すが、必要以上にそうすることはなく、また慰霊を欠かさなかった。すなわち、「獣の道」とはほど遠い。「兵農分離」のあとも、それ以前の「協同自助」の生き方が山地民には残っていた。柳田が官僚時代に視察した宮崎県の椎葉村はその一例である。

近年、私は柳田が述べたことをあらためて考える機会があった。それは、インドの小説家モハッシェタ・デビの『ドラウパディー』(現代企画室)を読んだからである。臼田雅之は「解説」でこう書いている。

部族は主に山地に住み、伝統的には焼畑農業を営み、ヒンドゥー化もムスリム化もせず独自の宗教体系をもっていた人々である。インドは十九世紀まではフロンティアのある世界であり、平地のヒンドゥー社会が徐々に拡大し、山地の部族を取り込んでいった。中世以降は部族の首長層はクシャトリヤとして編入され、それ以外の部族民は不可触民として、ヒンドゥー社会の最下層に繰り込まれた。部族は固有の文化をもってヒンドゥー社会に繰り込まれたから、結果的にヒンドゥー社会を豊かにすることになった。またベンガルでは主要な農業カーストは不可触民であり、生産を担う重要な役割をはたしていた。しかしそれにしては、その社会経済的な地位は劣悪であった。(中略)その結果、部族の土地は狡猾なディックゥ

（平地から来たよそ者）の手に落ちていった。植民地時代に部族民が何度も激烈な反乱をおこしている理由は、ここにあった。弓矢を手に果敢に闘い鎮圧された部族反乱の典型が、一八五五年のサンタル族の反乱であった。

一般に、バラモン、クシャトリア、ヴァイシャ（平民）、シュードラ、不可触賤民というインドのカースト制は古代に形成されたものだと考えられている。むろん、それを一概に否定することはできないが、次の事実を見落としてはならない。近年にいたるまで、今日的な意味でのカースト制は平地の国家的社会を中心に機能をしていただけで、インドの大半を占める山岳地域では存在しなかったのである。私が特に興味をもったのは、一九世紀になって、それまでの山地民の中で、首長層がクシャトリア（武士）となり、残りが不可触賤民となったという指摘である。柳田国男がいう「兵農分離」とはそのようなものだ。彼がそれを《後にも先にも比類を見ないほどの悲惨なる大革命》と見なしたことは、インドの文脈に置いて見ると、誇張でないことがわかる。

平地インドのカースト制は、イスラム教のムガール帝国の時代に流動化の傾向をみせたのだが、イギリスが東インド会社を通して入り込んできて以後、強固に再編されたのである。東インド会社は、インド社会をヒンドゥーとムスリムに二分し、さらにヒンドゥーをカーストによって細分化して把握した。この考えは、その後にインドを支配したイギリスによって〝現実化〟された。つまり、インド人自身もそう信じるようになったのである。臼田雅之はいう。

こうしてイギリス支配に先立つ地方国家の時代に進行していた宗教やカーストを横断する統合の動きは、ブレーキがかけられることになった。これは宗教・カーストにかかわらない社会形成を阻害するものであったから、近世的反動と呼んでもおかしくはない措置であった。以降、イギリスはみずからその固定化を図った宗教やカーストによって、インド社会は分断化されていると決めつけ、前近代的な段階にあると規定した。さらには翻って、そうした「野蛮」なインドを文明化することが自分たちの使命であると、植民地支配を正当化する言説を作りあげていったのである。(中略)対立する宗教、カースト制度によって社会が分断されているから、その調整役として「他者」であるイギリス政府が必要とされる——こうした植民地政府の存在理由のために、ヒンドゥー・ムスリムの分断とカースト制度は、近代になっても維持・温存されたといえよう。(『近代ベンガルにおけるナショナリズムと聖性』東海大学文学部叢書、二〇一三年)

インドでは、古い伝統的制度だと思われているものの多くが、近世以後に、しかも、イギリスの統治とともに始まったことに注意すべきである。例えば、寡婦の再婚が許されない慣習がある。しかし、これは本来、バラモンに限定された慣習であった。《寡婦再婚禁止は寡婦を遊ばせておく余裕を示すことで、上位カーストにとってはステイタス・シンボルでもあったのである》。朝鮮王朝時代の両班《ヤンバン》の家でも同様であったから、これは特殊インド的なものではない。この慣習が社会全体に広がったのは、一九世紀にイギリスの統治が始まってからである。それをインドの慣習とみなした統治の下で、かえって広がったのだ。

先に述べたように、カーストについても同様である。しかし、その後にインドにやってきた西洋人は、インドの痼疾《こしつ》としてカースト制を批判するようになった。その中では、例えば、ルイ・デュモンは『ホモ・ヒエラルキクス』で、カースト制を糾弾するのではなく構造主義的に理解しようとした。しかし、それもまた、以上のような歴史的過程を見ていない。

今日没却されている事実は、第一に、焼畑・狩猟にもとづく山地民の間にはカースト制がなかったということである。第二に、山地民の間では、彼らの社会を解体する国家に対する反乱が絶えず続いてきたことである。先に述べた一八五五年の山地民サンタル族の反乱がその一例である。実は、この種の反乱は今も続いている。鉱物資源を求めて森を強制的に開発する資本に対する、山地民の武装闘争がそれだ。彼らは〝毛沢東主義者〟と呼ばれて、弾圧されている。しかし、彼らの運動は外来の思想にもとづくものではない。

作家アルンダティ・ロイは、何世紀ものあいだ弓と矢を携えてきた山地民アーディヴァーシーを毛沢東主義者と呼ぶのはおかしい、という。《アーディヴァーシーには毛沢東主義者が誕生するずっと前から、勇敢な抵抗の歴史があることを肝に銘じるべきだ。アーディヴァーシーを中産階級の毛派指導者数名に操られている愚かな手先と見るのは、むしろ酷い仕打ちである》（『ゲリラと森を行く』以文社）。

8　海上の道

西アジアでも東アジアでも、古代史は、周縁の草原にいた遊牧民が定住民を征服してきた歴史である。イスラム圏の歴史家イブン・ハルドゥーンは書いている。《遊牧生活により深く根をおろし、より獰猛な種族ほど、一層他方を征服することができる》（『歴史序説1』森本公誠訳、岩波文庫）。しかし、征服王朝も長く続くことはない。《豊饒地帯に定住し、富を蓄積し、豊かな生活に慣れてくると、勇猛心は野蛮な行為や粗野な生活をしなくなるにつれて廃れる》(同前)。そこで、新たな征服者が到来する。したがって、王朝や名門の支配はせいぜい四代しか続かない。こうして、ハルドゥーンは、遊牧民族が形成してきた国家について、ほとんど永劫回帰的な歴史の法則を見出した。

しかし、先に述べたように、砂漠・草原がないような地域でも、類似した役割をした者がいる。狩猟焼畑農民(山地民)や漁撈民(海民)である。日本のような島国に関しては、当然、彼らに注目しなければならない。武士は山地民であるが、遊牧民と似た存在であった。彼らは基本的に、定住民の国家の圏外である山地にいたが、その一部は王朝国家の中に入っていった。が、中に入ると、ハルドゥーンが遊牧民に関して述べたように、文明化し独立心を失い堕落してしまう。例えば、東国の武士が京都の公家世界と交わると、変容する。平家がそうであり、源氏でも源義経がそうであった。源頼朝が鎌倉に幕府を開いたのは、それを避けるためであった。のちの徳川幕府も同様である。

日本の山地民が遊牧民と類似するのは、そのような点だけではない。現実に、日本で武士が王朝国家に対抗する勢力として前面に出てきたのは、騎馬軍団を形成してからである。史料によれば、馬が広がったのは五世紀から六世紀の頃だとされる。これはむろん大陸の遊牧民の影響である。その意味で、遊牧民国家がなければ、武士政権はできなかったといえる。ただ、馬の飼育を始めたとはいえ、武士はあくまで狩猟民的であり、遊牧民に固有の慣習にはなじまなかった。その一例が去勢である。遊牧のためには、去勢手術によって羊の群を管理する必要がある。また、馬も去勢によって強化される。この技術を人間に適用したのが、宦官である。古代アッシリアでは、官僚は概ね宦官であったといわれている。中国でも宦官制が普及したし、朝鮮半島でも宦官制が導入された。中国の国家制度を全面的に導入しようとした日本で、それがまったく採用されなかったのは、官僚制が発達しなかったからでもあるが、一つには、去勢の慣習・技術がなかったからだろう。

日本の場合、山地民と同様に大事なのは、海民である。というのも、日本は文字通り島国であったからだ。柳田国男は最初山人に注目したが、次第にその関心を海民に広げた。つまり、海や川を通した交通を重視するようになったのだ。彼が『海上の道』を書いたのは一九六一年である。ここでは、「海上の道」は、中国の大陸の南部にいた人々が、島伝いに日本列島に移り住んだ過程を意味している。それはまた、稲作渡来の過程を示している。しかし、「海上文化」(一九四〇年)では、「海上の道」はもっと広い意味で使われた。すなわち、河川をふくむ交通を意味したのである。

通常、道とは陸の道のことである。また、平地の道である。しかし、日本の場合、道はほとんど山地にあった。島崎藤村の『夜明け前』は「木曽路はすべて山の中である」という文句で始まるが、ある意味で、古代・中世日本の道はすべて山の中にある。平地は湿地帯が多く、沼《しょう》気《き》(ガス)や蚊が多い上に、洪水による氾濫があった。平地に道ができたのは、せいぜい徳川時代になってからである。それまで山地にあった水田が、平地に造られるようになったのもこの時期からである。しかし、忘れられているのは道がもともと山地にあったことだけではない。もっと忘れられているのが、「海上の道」があったことである。それは目に見えないし、存在するともいえないからだ。

第二次大戦後に、騎馬文化が五、六世紀に始まったことが注目された。江上波夫の「騎馬民族征服王朝」説もそこから出てきたのである。しかし、その場合、陸上の道が想定されていた。つまり、騎馬文化は朝鮮半島・九州、そして近畿を経て、関東に広がったと考えられたのである。この種の考察においては、海上の道が没却された。そのために、多くの謎が残った。例えば、関東に馬が多いという事実もその一つである。しかし、騎馬文化が大陸から「海上の道」を経て、すなわち日本海を経て到来したと見れば、謎は消える。網野善彦がいうように、関東に高句麗人渡来を示す跡が多いのも、そのためであろう。陸上の道で見る固定観念のために、そのような交通が見えなくなるのだ。

実際、海上の道は不可視である。《海上の交通というものは、漕ぎ去る舟の跡なきがごとく、その瞬間において消えてしまうものではあるけれども、彼等がいなかったならばとうてい成し遂げられなかったところの、生活様式の様々なる変化というものは、今もはっきりと見えているのである》(「海上文化」『柳田國男全集2』ちくま文庫)。柳田にとって、この見えない道を見えるようにするのが民俗学的方法であった。道の跡が、言語において残る場合がある。例えば、一定の語が、九州と東北の方言で類似することがある。それは海上交通があったことを裏づける。《九州と東北とはこれだけ離れておりながら、因縁はかえって深かったのである》(同前)。

例えば、島崎藤村が書いたように木曽路はすべて山の中である。だが、それは田舎であることを意味するのではない。木曽路はむしろ、江戸と京都の文明をつなぐ幹線であったゆえに、『夜明け前』の舞台となりえたのである。さらに古代に遡っても、山岳部にある信州は川伝いに海とつながっていた。ゆえに、平地の東海道地域よりも文明が開けていたのである。山と海の「道」はそのようにつながっていた。それを示すもう一つの例は、紀州熊野の権現信仰である。柳田によれば、これは京都祇園の北野神社などよりも新しいものであり、突然、紀伊半島の突端に出現した。それはどこから来たのかもわからない。

熊野の権現様などは、陸地はどこを通って来たという言い伝えがなくて、船から渡られたらしい痕跡が残っている。船で渡って来るというと、人は海岸に祭ってなければならぬように思うが、これが熊野という信仰の一つの特徴であった。すなわち熊野人は山の民であって同時に船に乗る民であった。現在でも山の人間と海の人間とはカテゴリーが違うように考えている人もあるが、木をくぼめて舟を造る人間は山の人間であり、また海の人間でなければならぬ。（中略）その神様は非常に移動する神様であり、また後世まで熊野の信仰というものは東へ西へと進んで行った。日本海にもあるが、太平洋岸を船で動いたかと思われる。西の方面もまた九州から南、種子《たね》、屋久《やく》、沖縄まで行っている。（同前）

ちなみに、日本で最も人口の多い姓は鈴木だといわれるが、これはもともと熊野の神官の苗字であって、信仰の広がりとともに全国に広がったといっても過言ではない。

柳田の指摘で重要なのは、漁民の特異性である。工芸人、神官、武士、僧侶は、一方で農業をした。皇室も同様である。ところが、《日本では耕作を少しもやらずに済ます者が漁業者であった。これが作らぬ農産物を食うのであるから、交易をしなければならない》。《魚を捕る人たちのみは極端に農業が嫌いで、今でも女房だけに畠の方をやらせて、男は少しも土にさわらぬ村が多い》(同前)。

柳田は、漁民が本性的に交易者(商人)であることを指摘したのである。この点では、遊牧民と非常に似ている。片倉もとこによると、ベドウィンは今日でも、農地をもつことを恥じて隠している(『アラビア・ノート』ちくま学芸文庫)。この類似性はまた、遊牧民が海上交易を斥けないことからもいえる。例えば、モンゴル帝国は、陸の帝国であると同時に海の帝国であった。この二つを兼ねた世界帝国は歴史上類を見ない。中国の王朝でも海に進出したのは元朝だけで、明朝以後は引き下がった。そして、その空隙に、西洋の諸国、そして、日本人が入り込んだのである。

それ以前から、倭寇が東南アジアまで進出していた。彼らは漁民であり、商人であり、海賊であった。漁民というと、あとの二つの側面が無視されることになる。そこで、網野善彦は彼らを「海民」と呼んでいる。網野の仕事はその意味で、柳田国男を継承するものであり、「海上の道」から日本社会史を見なおすものだといってもよい。

9　山人の動物学――オオカミ

柳田国男が、初期の山人の探究から、固有信仰（祖霊信仰）に向かったことは、不思議ではない。彼が初期に、山人について述べた言葉を、あらためて引用する。

> 拙者の信ずる所では、山人は此島国に昔繁栄して居た先住民の子孫である。其文明は大に退歩した。古今三千年の間彼等の為に記された一冊の歴史も無い。それを彼等の種族が殆ど絶滅したかと思う今日に於て、彼等の不倶戴天の敵の片割たる拙者の手に由って企てるのである。此だけでも彼等は誠に憫むべき人民である。併し斯言う拙者とても十余代の先祖は不定である。彼等と全然縁が無いとは断言することが出来ぬ。無暗に山の中が好であったり、同じ日本人の中にも見ただけで慄える程嫌な人があったりするのを考えると、唯神のみぞ知《しろ》しめす、どの筋からか山人の血を遺伝して居るのかも知れぬ。がそんなことは念頭に置かない。（中略）幸にして他日一巻の書を成し得たならば、恐らくはよい供養となることであろうと思う。（「山人外伝資料」『定本柳田國男集　第四巻』筑摩書房、傍点引用者）

つまり、柳田にとって、山人研究は、それを滅ぼした者による山人の「供養」を意味した。すなわち、滅ぼされた先住民を、それを滅ぼした者の子孫であると同時に、その先住民の血を引いているかもしれない自分が、「一巻の書」を成すことによって、弔うこと。それが彼の民俗学の課題であった。このことは、柳田が表向きに、山人の探究を断念したのちに、固有信仰、つまり、祖霊の探究に向かった動機を説明するものである。

しかし、実際には、その間に奇妙なことが起こっている。柳田は、他の学者たち、とりわけ南方熊楠に山人の存在を反駁されて、ついに引っ込めるにいたったのだが、まもなく今度は、絶滅したとされる狼がまだ日本に生存するという説を唱えはじめたのである。特に、「吉野人への書信、狼のゆくえ」(一九三三年)は、狼が吉野地方にも残存するというもので、実際に、これを読んで吉野で狼探索に熱中する人が増えたといわれる。

彼は、それ以前にも狼について論じていた。『山の人生』でも、《今こそ狼は山の神の使令として、神威を宣布する機関に過ぎぬだろうが、若し人類の宗教にも世に伴う進化がありとすれば、曽《かつ》ては狼を直ちに神と信じて、畏敬祈願した時代があって、其の痕跡は(後略)》と書いている。狼はカミであった、と柳田はいう。しかし、彼が狼について本格的に論じはじめたのは、一九三〇年以後、すなわち「山人」説を引っ込めたあとだということに留意すべきである。当然ながら、狼の専門家らは柳田の主張を一笑に付した。例えば、平岩米吉は、狼が滅んだのは、群が解体し、交配の相手を見つけにくくなったからだという柳田の考えを批判した。これは、狼が根本的に群れとして生きていることを知らない見方だ、と。《狼は群れの解体ではなく、親密な群れの生活のために滅びたのである》(『狼――その生態と歴史』築地書館、一九九二年)。だが、柳田は狼の生態学に通じてはいなかっただろうが、狼がカミであるという信仰に関しては、誰よりも通じていた。彼は、日本の山中に狼が生きていると信じた。その証拠は何もなかった。山人が存在する証拠がなかったように。

柳田がこのとき突然、狼の存在を主張しはじめたことは、山人の存在を否認するように迫られたことと関係がある。柳田の「史学」は、たんに人間の歴史を見るものではない。柳田は《人と天然との久しい間の交渉、それがいかなる変化を生活様式の上に及ぼしていたか》を探ろうとした(「青年と学問」『柳田國男全集27』ちくま文庫)。その中に、人とオオカミとの「久しい間の交渉」が入るのは、当然である。

人類が遊動的な狩猟採集民であった時期、狼は人間の狩猟仲間であった。狼が敵視されるようになったのは、定住農耕民の段階以後である。以来、グリム童話の「赤ずきん」に代表されるように、狼は狡猾で凶暴なものと見なされるようになった。狼は農耕民に追われて、山に遁れた。しかし、農耕民が到来したときに山に遁れたのは、狼だけではない。先住の狩猟採集民も同様であった。それが柳田のいう山人である。とすれば、山人説を引っ込めることを強いられた柳田が、急に狼の存在を主張しはじめたのは、偶然ではない。

私がそのように考えたのは、たまたまショーン・エリスらの『狼の群れと暮らした男』(築地書館、二〇一二年)を読んだからであった。エリスが行ったのは、たんに狼を観察したり保護したりすることではなかった。その逆に、野生の狼の群れに混じって生きることを目指したのである。それは命がけの行為であった。彼は実際に、狼の群れに受け入れられた。ただし、猟には連れていってもらえなかったから、完全に仲間に入れられたわけではない。エリスのような人物が、狼研究者の間でさえ畸人として遇されたことはいうまでもない。日本における狼の生存を主張した柳田も、事実上、変人として嘲笑されたのである。

最近になって、私は狼と人間の古いつながりを強調する本を読んだ。パット・シップマン著『ヒトとイヌがネアンデルタール人を絶滅させた』(原書房、二〇一五年)である。この表題の「イヌ」とは、オオカミ・イヌのことである。ネアンデルタール人については、一般にこういわれている。彼らは現生人類より前にユーラシアに居住していた。人類と同程度の知能をもち、同じように狩猟生活をしていた。火や石器を使用し、死者埋葬、芸術活動などもした。五万年前にアフリカから到来した人類と交流し、混血もあった。その遺伝子が現在の人類にも残っている。

これまでの定説では、彼らは二万数千年前に絶滅したということになっていた。しかし、最近、彼らは四万年前に、しかも短期間のうちに絶滅したという新説が有力となった。それは気候変動のせいだといわれる。シップマンの考えでは、それは原因の一つであるが、何よりも、現生人類がユーラシアに到来したことが原因である。とはいえ、彼らが短期間のうちに死に絶えたのは、人類によって殺戮されたからではない。それを示すような痕跡も残っていない。人類が彼らを滅ぼした原因は、同じ生態系に侵入したこと自体なのである。

このことは、一般に、ある生態系に外来種が侵入したときに生じる現象である。それを扱う「侵入生物学」によれば、頂点捕食者(食物連鎖の頂点にあるもの)の変化が、植物にいたる下位の生物の存続に大きな影響を及ぼす。したがってネアンデルタール人にとって、新たな頂点捕食者として同様に大型動物を狩猟する人類が侵入したことが、大打撃であった。

しかし、それでも、彼らが簡単に敗北した理由を説明できない。シップマンによれば、理由は、人類がオオカミ・イヌを狩猟のパートナーとしたことである。オオカミ・イヌとは、犬のような家畜ではなく、人間と連合するタイプの狼だといってよい。ネアンデルタール人を圧倒したのは、人類による技術的発展ではなく、人類と狼、つまり、異なる狩猟者たちの連合なのである。

当然ながら、シップマンが本書を書いたのは、ネアンデルタール人に対する人類の勝利と優越を言祝《ことほ》ぐためではない。本書の原題は *The Invaders* である。人類は無数の生物が関係する生態系の中で頂点捕食者として存続してきた種である。侵入生物学によれば、人類こそ地球の生命の史上最大の侵入者なのだ。地球規模の大絶滅はこれまで五度あった。六度目のそれを惹き起こそうとしているのが人類である。彼女は今、人類が「他の種に対する役割と責任」を果たすべきという。

この本を読んだとき、私は狼の生存にこだわった柳田国男を思い出したのである。柳田がいう「山人」は遊動的狩猟採集民であった。おそらく狼とも一緒に狩猟していただろう。だが、農耕民が到来すると、狼と同じ運命をたどったのである。彼らは山に遁れ、異人・妖怪として恐れられる存在となった。したがって、柳田において、山人・狼・祖霊は分かちがたくつながっている。

柳田によれば、狼はオオカミであった。といっても、人が仰ぐような神ではなく、親密な朋友のような神である。いいかえれば、天上から降りてくる「垂直的」な神ではなく、祖霊のように彼方から訪れる「水平的」な神である。しかし、そのようなオオカミは、農耕民がこの列島に到来するとともに消えて行った。徳川時代、そして明治以後、人々は狼を鉄砲で殺しまくった。狼は日本で自然に死滅したのではない。侵入者によって滅ぼされたのだ。柳田が、狼の生存を主張したのは、むしろ、絶滅した狼への「供養」である。柳田の史学は、日本人中心主義でないだけでなく、人間中心主義でもない。それは「人と自然の間の久しい交渉」を見るものである。

10　山人の宗教学——固有信仰

柳田国男は「狼」の生存を主張して批判され、沈黙したあと、固有信仰についての探究を始めた。私の考えでは、それは「山人」を別のかたちで追求することである。固有信仰とは、仏教、神道、儒教というかたちをとる前にあった日本の宗教の形態を意味する。それは、ごく簡単にいうと、つぎのようなものである。人は死んで間もないときは、「荒御霊《あらみたま》」であり強い穢れをもつが、子孫の供養や祀りをうけて浄化されて、御霊となる。それは、初めは個別的であるが、一定の時間が経つと、一つの御霊に融けこむ。それが神(氏神)である。祖霊は、故郷の村里をのぞむ山の高みに昇って、子孫の家の繁盛を見守る。生と死の二つの世界の往来は自由である。祖霊は、盆や正月などにその家に招かれ共食し交流する存在となる。御霊が、現世に生まれ変わってくることもある。

柳田が特に強調したのは、祖霊がどこにでも行けるにもかかわらず、あえて生者のいる所から離れない、ということである。生者が祀ってくれるからではなく、自発的に残り子孫を護ろうとする。しかし、このような祖霊観は日本でもありふれたものではない。それどころか、もうこのような考えはほとんど残っていないといってもよいだろう。日本人の多くは仏教の儀礼を通して、死者を祀ることを続けている。しかし、その場合、祖霊が融合して氏神となるというような観念はない。したがって、日本人の多くは先祖崇拝について知っていると考えるだろうが、実はそれを知らないのである。

一般に、仏教、ユダヤ教、キリスト教、イスラム教などの世界宗教では、祖霊信仰が斥けられていると考えられている。しかし、それらが拡大し存続することができたのは、農耕や遊牧の共同体に浸透したとき、従来の先祖崇拝を受け入れたからである。仏教の場合はいうまでもない。仏教が祖霊信仰を受け入れた例は、何よりもお盆の風習にも見られる。西方浄土に去ったはずの祖霊が、お盆には子孫の元に帰ってくるというのだ。同様に、キリスト教（カトリック）の場合、ゲルマンの農耕共同体に布教したとき、さまざまな農耕儀礼とともに祖霊信仰を受け入れた。冬至の祭祀をクリスマスとしたように。また、マリアだけでなく、多くの聖人《セイント》が一種の先祖として祀られるようになった。

その点では、もっと厳格な一神教のように見えるイスラム教の場合も同様である。例えば、最近の調査によると、ソ連圏から独立したカザフスタンでは、それまで弾圧されていたイスラム教が再興したのだが、それは中東とは違って、祖霊信仰と強く結びついている。これにはイスラムの教義に反するという批判があるが、もともとカザフスタンでは、イスラム教でも祖霊信仰が受け入れられていた。

中央アジアに広く見られる死者の霊魂の観念は、カザフ社会においては父系の系譜認識と結びついており、二〇世紀初頭まで父系親族が遊牧の基本的な単位を形成し社会・経済・政治的基盤として重要であったことと表裏一体をなしていた。イスラームは、中央アジアの諸民族のなかでもカザフ社会には比較的遅い時期に、遊牧の暮らしに受け入れられやすいかたちで浸透した。イスラーム化以前にさかのぼる祖先信仰は、死者に敬意を表してクルアーンを朗唱するという死者崇敬にかたちをかえてイスラーム実践の重要部分となったのである。（藤本透子編『現代アジアの宗教』春風社）

一九世紀イギリスの聖書学者、ウィリアム・ロバートソン・スミス（一八四六―一八九四）は、ユダヤの一神教は先祖崇拝に根ざしていると主張した（『セム族の宗教』岩波文庫、一九四一年）。簡単にいうと、人を圧倒し畏怖させる神と違って、人を愛するような神は先祖神以外にありえないというのである。実際、ユダヤ教では、今も先祖崇敬が残っている。

多くの人々の考えでは、子供の役割は両親が病気のとき、年老いたときに面倒を見、両親がきちんと埋葬されるように計らい、両親を思い出してカディッシュの祈りを唱えてくれることである。子供には、一生を通じてその両親を「尊びおそれる」という義務が課せられている。これには、両親が部屋に入ってくると起立する、両親に着るものと食べるものがあるように計らう、両親に口答えをしない、両親に対して癇癪をおこさない、両親に恥をかかせない、死後にさえ尊敬の念をもって両親を語る、といったことが含まれている。（『ユダヤ教入門』ニコラス・デ・ラーンジュ、岩波書店、二〇〇二年）

これは教義として語られるわけではないが、ユダヤ教が存続するためには欠かすことができないものである。実は、儒教に関しても、同じことがいえる。儒教では、親孝行が説かれ、天（超越者）を敬うことが説かれる。しかし、それらが本来、祖霊の信仰に根ざしていることは明示されないし、深く考えられてもいない。実は私自身、そのことに気づいたのは、ライプニッツについて考えていたときであった。

ライプニッツが漢字から記号論理学を着想したことは知られているが、それはたんなる思いつきではなかった。第一部でも述べたが、彼は中国に滞在するイエズス会の宣教師らと親交があって、中国の政治・宗教に通じていたのである。彼が書いた『中国自然神学論』を読んで驚いたのは、儒教をキリスト教と矛盾しないものとしてみる見方である。それは、明代の宣教師、マテオ・リッチがとった見方に基づいている。リッチの場合、布教のためにそうしたのだが、彼の教えや聖書の漢訳はその後、中国だけでなく、朝鮮・日本にも大きな影響を与えた。日本におけるその代表的な例は、平田篤胤の国学に見られる。彼はリッチの書を読み、且つ翻訳もしたのだった。

ライプニッツはリッチの考え方に賛同した。《リッチ神父が、中国古代の哲学者が、上帝つまり天上にいる王である至高存在とそれに臣従する多くの精霊を認め、それらを崇めているといい、中国人はそうした仕方で真なる神についての知識をもっていると主張したとき、彼は決してまちがってはいなかったのです》(「中国自然神学論」『ライプニッツ著作集10』工作舎、七〇頁参照)。ライプニッツはつぎのようにいう。

禘《てい》(天帝を中心に始祖をまつる大祭)において人が祖先に犠牲を捧げるとき、実は、そうした犠牲を、自分がそこから生まれ出、死ねばそこへ帰る根源者に捧げているのである。つまり彼らは祖先よりも根源者を優位に置いているのであり、祖先の霊は、宇宙を包括する至高の霊に従属する下位の霊として扱われているのである。

キリスト教は先祖崇拝を否定するという通念から見ると、ライプニッツが以上のような考えを支持するのは訝しく聞こえる。しかし、カトリックにはマリア崇敬や多くの天使、聖人《セイント》への崇敬など多神教的な要素がふくまれている。例えば、カトリックの司祭、晴佐久昌英はつぎのように説教している。

カトリック教会は、伝統的に十一月を死者の月として、死者と深い交わりを持つ時として過ごします。言うなれば、カトリックの「お盆」です。日本では亡くなられた方々をお盆にお迎えしますけど、尊い習慣ですね。死者を大切にしないということは、生者も大切にしないということです。現代において、死者との交わりを持つことはすごく大切だと思いますよ。しかも、単にこちらからその方々のために何か祈るというよりは、その方々のほうが私たちのために祈り助けてくれていると信じて深い交わりを持つことが、豊かな生を生きるためにどうしても必要なことです。（中略）この、すでに天にある方が我々のために祈っているという信仰は、実にカトリック的な信仰です。その代表格は聖母マリアということになるんでしょうが、すべての天使と聖人、そして亡くなった家族、友人が、天にあって神のそばで我らのために神にとりなしてくれる。そのように永遠の天の世界と胎児の地の世界をしっかりと結んで、天地の通路、天への産道となったのが「道」であるイエス・キリストという救い主なのです。（中略）こうして私たちはこの世にあって愛し合って生きていますけれども、考えるまでもなく、天の方々が私たちを愛してくれている愛のほうがずっと強い愛ですし、そういう天上の愛に支えられて、ようやく私たちもこの世界で愛し合うことができるのでしょう。たぶん、本当に愛するために私たちは死ぬのです。（『あなたに話したい』教友社、二〇〇五年）

このような考えがカトリック教会で公認されているのかどうか、私は知らない。しかし、私が驚いたのはここに先祖崇敬が見出されることではない。それが、柳田のいう「固有信仰」と類似していることだ。似ているのは、祖霊が、子孫らがどのように振る舞うかとは無関係に、ひたすら子孫らを愛し見まもるという点においてである。

通常、先祖信仰では、死者と生者の関係は互酬的である。つまり、生者が死者を弔うから死者は「御霊」になるのであり、ゆえに、祖霊は生者にお返しをする。ところが、ここには、そのような互酬性がない。祖霊は一方的に、つまり、無条件で子孫を愛することになっている。そして、柳田はそれを日本の固有信仰と見なした。その場合、それが日本にしかないという意味ではないことに注意すべきである。それはむしろ、人類の固有信仰だというべきである。また、このような固有信仰は、もはや日本に残っているとはいえない。すなわち、日本に先祖信仰はあるが、固有信仰は残っていない。柳田はそれについて、こう述べている。

家で先祖の霊を一人一人、その何十年目かの年忌ごとに祭るということは、いかにも鄭重なように見えて、その実は行き届かぬことであった。家が旧くなり亡者の数が多くなると、短い生涯の主人などは時々は無視せられることがある。ましてや子もなく分家もせぬうちに、世を去った兄弟のごときは、どんなに働いて家のためまた国のために尽していても、たいていはいわゆる無縁様《むえんさま》になってしまうのであった。それを歎かわしく思ったためでもあるまいが、以前の日本人の先祖に対する考え方は、幸いにしてそういう差別待遇はせずに、人は亡くなってある年限を過ぎると、それから後は御先祖さま、またはみたま様という一つの尊い霊体に、融け込んでしまうものとしていたようである。（「先祖の話」『柳田國男全集13』ちくま文庫）

柳田がいう固有信仰の特徴はつぎの点にある。第一に、死者は、血縁関係の遠近に関係なく平等に扱われる。養子による縁組であれ、あるいは、生きていたときの力や貢献度がどうであれ、その者が家に何らかの関係をもつのであれば、祖霊の中に入れられる。第二に、死後の世界と生の世界の間は、往来が自由である。生者が祖霊を祀るとともに、祖霊も生者を見守る。祖霊が生まれ変わってくることもある。その場合、祖霊と生者の間には、無条件の信頼関係がある。

このような信仰は、通常、先祖信仰と呼ばれるものとはかなり違っている。もちろん、共通する面はある。例えば、死者が祖霊になるのに一定の時間がかかり、また、そのためには子孫の供養が必要だという考えは、どこでも共通している。人々が子孫をもつことを願うのは、そのためだ。西アフリカのタレンシ族を調査したマイヤー・フォーテスは、こう述べている。《タレンシたちにとっても、人生における最大の不幸は、自分のために葬式を営み、出自に基づいて家系を継いでくれる息子を残さずに死ぬことで、この不幸に比べれば、死そのものなど問題にもならない》（『祖先崇拝の論理』ぺりかん社）。

先祖崇拝は子孫の「孝行」にもとづいている。フォーテスはいう。《葬式は両親を祖霊に変身させる最初のステップであり、そもそも祖先崇拝は本質的に孝行の宗教化に他ならない》（同前）。しかし、孝行は一方的に子供に課された義務なのではない。《親子の関係は、全く一方的というのではない。というのは、子供がいかに悪いことをしようと、親の方も子を拒否出来ないという、同様に不変の道徳律があって、私の観察したところ、こちらの方も非常に忠実に守られているからである。孝行というものは、実際、親子双方の相手に対する愛情とか、絆とか、義務とかが入りまじった、互酬的関係なのである》（同前）。

ところが、柳田のいう固有信仰の特徴は、むしろ「互酬的な関係」がない点にある。先祖（死者）と子孫（生者）は無条件に互いを信頼している。一方、タレンシ族では、祖霊らはつぎのようにふるまう。《祖霊たちの力は多様に交錯し、崇拝する者たちに勝手な要求をして、予測し難く競争し合っていると考えられている。実は、まことに注目に値することなのだが、これがタレンシの日常生活において、一種の安全装置の役割を果たしているのである》(同前)。また、祖霊は子孫に対して超越的な立場に立つ。《タレンシたちにとって、祖先は最後の審判の裁き手であり、人間の生死の問題に関しても最終的権威者であることを、我々は忘れてはならない。死は普通、先祖たちの仕業とされる》(同前)。

フォーテスは、それをタレンシ族が父系的なリネージにもとづくからだと考えた。父と子のアンビヴァレント(両価的)な関係が、祖霊と生者の関係に反映されるのだ。そこから見ると、柳田のいう固有信仰には、父系的でない社会が反映されていることは疑いない。とはいえ、柳田は日本の社会に、母系制が先行したという考えをとらなかった。彼は直観的に、父系でも母系でもないようなものがあったと考えていたようである。そして、彼がいう固有信仰は、そのことと深く関連しているといえる。それについては後述する。

11　双系制と養子制

柳田国男は「聟《むこ》入考」(一九二九年)で、嫁入婚より前に婿入婚があった、と主張した。嫁入という言葉自体が、婿入にもとづいてできたものだ。別の言い方をすれば、婚姻はまず、妻方《つまかた》居住婚として始まるが、その後、夫方《おっとかた》居住婚に移るということである。このように、柳田が婿入や妻問、すなわち、妻方居住婚の事実を認めたことは重要である。しかし、もっと重要なのは、彼がそこからただちに、母系制という結論を引き出さなかったことである。

そのことで柳田を批判したのが、「招婿婚」(妻問婚)の事例を多数考察し、母系制の存在を主張した高群逸枝である。高群によれば、柳田が指摘している「婿入」は、室町時代ごろに成立した擬制婿取期の婚姻形態である。《今日の民俗の上に、遺存形態となっているものは、この期の婚姻形態のそれが多く(中略)『聟入考』の柳田氏説なども、主としてこの期の婚姻形態に立脚してたてられているといえる。(中略)婚姻開始を女家でして、その後は通ったり、時には住み込んだりしながらも、けっきょくは男家に迎えられるという、じつにそれは、この期―擬制婿取期―の婚姻形態以外ではないのである》(『招婿婚の研究』大日本雄弁会講談社、一九五三年)。

したがって、それ以前には母系制があった、と高群はいう。

しかし、柳田は、民俗学的な方法では室町時代以前に遡れないことを認めつつ、母系制が先行したという高群の説に否定的であった。そのため、一九七〇年代に、村上信彦のようなフェミニストによって時代遅れとして糾弾された。《皮肉なことに、民間習俗にたいする史学の怠慢を痛烈に攻撃した柳田民俗学は、婚制という歴史的課題で史学を無視したために心ならずも推測に走り独断を冒し、みじめな混乱に陥ったのである》(『高群逸枝と柳田国男』大和書房、一九七七年)。

しかし、村上信彦が柳田を批判していたのと同じ時期に、社会人類学や古代史学では、日本の婚制に関して大きな見方の変化が生じていた。それは東南アジアの人類学的研究にもとづくものであった。それは、一言でいえば、日本の親族形態が母系でも父系でもなく、双系制であったという見方である。以来、原始的な段階で母系制が先ずあり、それが父系制に移行したという説はもはや成り立たなくなった。そうではなく双系的な状態が最初にあり、次に父系制が成立し、それに反撥して母系制が生じた、次に、それらが、それぞれ家父長制に移行した、と見るべきである。家父長制は国家形成の段階に成立するが、それは日本でいえば、大和朝廷が成立するころである。

ここで留意すべきなのは、家父長制への移行において、もとの親族形態がどうであるかによって違いが生じることだ。父系制から家父長制に移行する場合、移行はスムースになされるが、母系制から家父長制に移行する場合、大きな抵抗が生じる。問題は双系制の場合である。それは時に母系制と似ており、時に父系制と似ている。したがって、それは、家父長制にスムースに移行できる面があると同時に、それに対する抵抗が残る面がある。したがって、親族形態は多様なかたちをとる。

日本の場合について、吉田孝はこういっている。《古代の日本列島には、おそらく多様な形態の親族組織が並存していたと想定されるが、残存する文献史料の大部分は、畿内地方を中心とし、稲作を主たる生業とする社会に関するものである》(『律令国家と古代の社会』岩波書店、一九八三年)。《しかし古代日本語の親族名称やインセスト・タブー(近親相姦の禁忌)から推定される一般的な親族組織のあり方は、双系的な性格を強く示している》(同前)。

高群は「招婿婚」の事例から母系制が存在したことを証明できると考えたが、柳田はその説に賛成しなかった。彼は、室町以前の社会に招婿婚があったことを主張したが、高群がそう受けとめたように、父系制(嫁入婚)が先行することを主張したわけではない。柳田は確かに「聟入考」で、父系制の先行という見方を否定したが、だからといって、それは母系制が先行したということにはならない、と考えたのだ。むろん、柳田の時代には双系制という考えはなかった。しかし、ある意味で彼は、それを予想していたといえる。*

＊　原洋之介はタイの農村に関してつぎのように述べている。《タイの親族構造は男系でも母系でもない双系制で、農地の相続は原則として、村に居住するかどうかに関わりなく男女均分である。しかし現実には、村にいる女子が相続することが多い。結婚すると通常夫婦は、決して婿入り婚ではないが、妻の両親の家の近くに高床式の家屋をつくって住む。娘夫婦は、結婚時に一度に全面積を親から相続されるのではない。そのためいまだ相続されていない親の土地を耕作し、収穫物を親に渡すことが一種の慣例であった》(『アジアの「農」日本の「農」』書籍工房早山、二〇一三年)。これは、柳田が見出した「婿入」が、高群がいう母系制の頽落形態ではなく、双系制にもとづくということを裏づけるものである。

多くの母系制社会では、実際は、政治的な権力は男に握られている。一方、双系制社会では、男女の力が平等であることが多い。そこを見て、もともと母系制があったと推定するのは誤りである。例えば、民俗学者宮本常一は、東日本には父系制、西日本には母系制がある、と主張した(『庶民の発見』一九六一年)。これは結局、高群逸枝と同じ考えであり、ただ東日本は違う、ということをつけ加えただけである。高群は文献資料に依拠したため、必然的に資料の多い西日本を中心に考えた。ゆえに、東日本は違うといえるかもしれない。網野善彦は『東と西の語る日本の歴史』(一九八二年)の後記に、《東の父系制に対する西の母系制という、宮本氏の大胆な指摘が強く印象に残り》と記している。

ところが、約二〇年後に、網野は、東日本にやや父系的傾向があるとはいえ、全体として日本社会は双系制的であった、と修正している(『「日本」とは何か』)。この修正は、東南アジアの人類学的調査によってもたらされたのである。このような経緯をふりかえると、柳田国男が高群逸枝の主張に同調しなかったことは、むしろ驚嘆に値する。おそらく彼は、豊富な民俗学的調査の経験から、母系でも父系でもない何かを感じとっていたのだ。実際、彼が「家」や「祖霊」に関して考えた事柄の多くは、双系的なものを予想させる。

ここで、日本列島における親族制度(家族システム)の多様性を、渡来した人々の差異から見てみよう。先に述べたように、岡正雄は基本的には柳田の理論に従いつつ、日本社会・文化の多様性を、発展段階の異なる民族が日本列島に渡来したことから説明しようとした。(なお、対応する考古学的段階を付記した。)

①「母系的・秘密結社的・芋栽培・狩猟民文化」、東南アジアの一文化が南部中国を経て日本列島に渡来した。　[縄文時代]

②「母系的・陸稲耕作民文化」が渡来。東部インド、東南アジア、インドネシア。南部中国を経てきた。　［縄文時代後期］

③「男性的・双系的・年齢階梯制的・漁撈‐水稲文化」　［弥生時代］

④「父長権的支配者文化」、遊牧民。渡来して古代国家を成立せしめた。　［古墳時代］

しかし、これによって、東日本と西日本の違いを説明できるだろうか。古墳時代あるいは古代国家が西日本にあったことは明白である。だが、それが④のように、西方からの渡来者によるものだとしたら、西日本に先ず父系的な体制が成立し、東日本には、それ以前の母系的なものが残ったはずである。では、なぜその逆になったのか。この疑問を解くには、「母系制」の先行を疑わねばならない。つまり、太古の形態を、母系でも父系でもない、双系的なものとして見るべきなのである。母系制の先行を否定したとき、柳田はそう考えていたように見える。ただ、その時点では、柳田の見方は非科学的な独断として斥けられたのである。

しかし、母系制が先行するという定説は、一九七〇年代以後に疑われるようになった。最初の形態は、母系でも父系でもなく、双系的であったという見方が出てきたのである。先に述べたように、これは東南アジアでの人類学的調査にもとづくものである。例えば、エマニュエル・トッドの『家族システムの起源』(藤原書店、二〇一六年)の画期性も、そこから来ているといってよい。

トッドは、レヴィ＝ストロースのみならず、それまでの人類学者が考えていた基本的前提を疑うところから始めた。彼の考えでは、太古の狩猟採集民は一夫一婦制の核家族である。そして、それは父系的でも母系的でもなく、未分化状態ないし双方的 bilatéral である、という。(監訳者の石崎晴己は、それを bilinéaire という意味での双系的と区別するために、双方的と訳した。念のためにいえば、私が双系制という場合も、双方的という意味である)。トッドの考えでは、母系制は父系制の優位に対する反動として生まれたものであり、また、父系制が拡大したのは軍事的領域が優越することによってである。

私がさらに興味を覚えたのは、トッドが言語地理学における「周縁地域の保守性原理」という仮説にもとづいたということである。それは、かつて柳田が「方言周圏説」を唱えたときに依拠した、一九二〇年代のフランスの言語地理学の考えを回復するものである。トッドは、世界各地の社会の政治や宗教のあり方を、四種類の家族システムの違いから説明してきた。彼はまた、この考えにもとづいて、現在のフランスの政治・文化的情勢を分析している。その一例は、二〇一五年パリのシャルリ事件について論じた『シャルリとは誰か』(文春新書)である。

トッドによれば、フランスでは、四種類の家族形態が地域的に分布している。それが歴史的にフランスの特異な在り方をもたらしてきた、というのである。例えば、中央部にフランス革命がある一方で、周縁部では中世的なカトリック信仰が残っていた。彼はそれを家族構造から説明した。フランス中央部では兄弟間の均等相続があり、それが平等主義としてあらわれる。他方、周辺部ではその逆である。しかし、二〇一五年パリのシャルリ事件が示すのは、そのような下部構造が変容し、近年において違った観念的上部構造を伴うようになったことである。このようにフランスでは、一国内での家族システムの多様性が現在にいたるまで重要な意味をもっている。

したがって、日本列島の中での家族システムの多様性を見出そうとする試みは、的外れではない。ただ、日本の場合、家族システムは均一ではないが、それほど顕著な差異が存在しないように見える。というのも、日本では根底に「双系的なもの」が強く残っているからだ。このような観点から、岡正雄の説をふりかえると、①で岡が「母系的」と呼ぶものは、双系的（双方的）なものだというべきである。そして、それは③にある双系制とは別のものだ。西日本にはもともと母系制はなかった。それは、④の軍事的征服者の到来によって、父系制がもたらされるとともに、それに対する反動として形成された。一方、東日本では、狩猟民らが軍事化するにつれて父系的となったが、双系的なものが濃厚に残存した。それは養子制に見出される。

柳田によれば、日本の先祖信仰の特徴は、死者が母系・父系のような血のつながりがなくても、養子や結婚その他の縁故があれば、祖霊の中に入れられるということである。これはおそらく、双系制と関連している。単系制では、父系であろうと母系であろうと、先祖は一つである。それを目印にして、集団が組織される。ところが、双系制が残る場合、出自が何であれ、ひとが今帰属する場が重視される。イエがそのような場である。柳田によれば、イエは家族というより労働組織である。「親」は元来、労働組織の「親方」(親分)を意味した。

したがって、日本では、出自を重視しない養子制が広範に採用されたのである。家父長的な武士のイエでも、養子制が多く見られた。徳川時代では、大坂だけでなく、江戸でも、商家は男子に相続させず、代々優秀な番頭を婿にとるというやり方をした。このシステムは、現在でも歌舞伎や相撲の世界に残っている。これらは母系制の名残りではない。それは「イエ」の存続を優位におくものであり、双系的なものに根ざしている。

吉田孝はこう述べている。《日本の社会の基底にあった双系的な社会組織は、婿養子によるイエの継承を容易とし、日本的なイエ制度をうみだす基盤となった》(『律令国家と古代の社会』岩波書店)。この養子制は、日本社会の階層的モビリティを可能にした。徳川時代のように厳重な身分制があっても、それを養子縁組によって超えるのは容易であった。例えば、勝海舟は徳川時代末期に幕府の最高実力者であったが、その曽祖父は新潟の水呑百姓の生まれで、且つ、盲人であり、盲人の特権として許された金融業に従事し、儲けた金で旗本の株を買って武士となったのである。柳田はつぎのように述べている。

ことに面白いのは江戸でも大阪でも商家に養子の制度が盛んに行われた事で、この風延《ひ》いては今日にまで伝わり、田舎者の事務に熟練して腹のしっかりした者は、年々引き上げられて大家の相続人になった。つまり以前の商業が特別の伎倆、尋常以上の人格を要求したので、自然と男子を捨てて女婿《じょせい》に相続をさせる必要が生じたのである。(「家の話」『柳田國男全集20』ちくま文庫)

「家」の存続のために、〝母系制〟が生まれたのである。この場合、実務的な権力を男がもつことはいうまでもない。このような母系制が可能となったのは、根底に双系制があるからだ。双系制が、出自・血縁よりも「家」を、いいかえれば「人」よりも「法人」を優位におく考えをもたらしたのだ。例えば、中国では、家族成員になれるのは血縁だけであって、養子縁組の観念はなじまない。そして、財産の相続に関して、均等分が普通である。
日本では、長子相続が厳密に法制化されたのは明治三一年であるが、そのような傾向はもともと鎌倉中期以後に広がった。それ以前は分割相続が普通であったが、分割すると財産は縮小してしまうから、「家」を維持するために、長子相続制がとられるようになったのである。しかし、これは明治時代の家父長制とは異なる。柳田は近年まで残っていた末子相続制についてつぎのようにいっている。

日本には各地の漁村にもその例があるが、信州諏訪などのも次々の新墾地を、長男次男にと与え行くゆえに、結局末の児が自然に元の屋敷に残ることになっただけである。だから一方にはそれと反対の順序に、新しく開いた土地へ次男以下を連れて出ていくものもある。つまりは双方とも分割相続の一方法なのである。(「日本の祭」『柳田國男全集13』ちくま文庫)

当時の末子相続も長子相続も分割相続の形態であった。ただ、新たな開墾地がなくなると、一般に長子相続制がとられるようになる。その場合でも、「長子」は女性あるいは養子でもよかった。つまり、日本の場合、外見上、家父長制が成立しても、その根底に双系制が存続しているというべきである。

このことは、近世の日本で、家父長制の建前があるにもかかわらず、女性が強い力をもってきた理由を説明するものである。例えば、女性はヌシ、オカミ、トジなどと呼ばれて権威をもっていた。《女は弱い者という教訓があったけれども、一方主婦だけは家の内で、ヌシと呼ばれてもよい地位を確保し、男の家族をも指図することができたのである。家が小さくなってその権能も働かず、亭主が炉端にがんばるような時代が来て、泣きごとと溜息とがオカミサンの主業のようになったのは変遷で、名称はたまたま昔の名残を留めているのである》(「家閑談」『柳田國男全集12』ちくま文庫)。

主婦が一家を仕切ったのは、イエが労働組織だからである。その場合、核家族のようなものを考えてはならない。柳田は、《日本前代の農業労働組織が、今まで普通に考えられていたよりもはるかに複雑な合同式のものであって、それが最近の純なる家族主義、他人交えずの各戸生産に移って行こうとしつつ》あるという(同前)。そのような労働組織であるからこそ、そのなかで主婦がオヤとして采配をふるったのである。したがって、女性が力をもったのは、母系制の名残なのではなく、双系制の結果である。一方、労働組織でない武士の家では、主婦が力をもつことはなかった。そして、明治以後の家では、武家のあり方が標準化されていったのである。それが近代化と呼ばれている。

柳田は『先祖の話』の最後で、戦争で死んだ若者は、子供がいないから先祖にはなれない、それならば、死者の養子となることで、彼らを先祖(初祖)にするようにしよう、と提案した。死者たちの養子になることは、日本の「固有の生死観」(固有信仰)にもとづく、と柳田はいう。しかし、死者の養子になるなどという考えは、祖先信仰一般に見られるものではない。双系制が根底にあるところにのみ、成り立つ考えである。そして、双系制が根底にあるということはまた、近世の日本で、家父長制の建前があるにもかかわらず、女性が強い力をもってきた理由を説明するものである。

二〇一四年にデューク大学に行ったとき、私はレオ・チン教授(日本学)からつぎのような質問を受けた。欧米では、女性はどんなに強くても、一家の財布を握ることなどありえないのに、日本女性は一見すると無力であるにもかかわらず、結婚すると財布を握ってしまう、そして夫のほうもそれを当然のことと考えている。欧米の男性は女性に簡単に家計を任せることはないし、たとえ小さな額のお金でも理由なく渡さないのが普通だ。女性学などでは、日本の男性は女性に対して極めて抑圧的だというのが常套的な見方だが、少なくともその点については、欧米の男性よりもはるかに寛容なのではないか、いわゆる女性学の枠組からは、日本の男女関係については理解できないのではないか、と。それを聞いて、私はこう考えた。日本女性に特有とみえるあり方は、父系制でも母系制でもなく、まだイエの観念が残っているからであり、そして、それは双系制の名残りである、と。

12　山人と山姥《やまんば》

柳田国男に関して『遊動論』(文春新書)という本を書いたあと、水田宗子氏にその本を贈ったら、鄭重な礼状とともに、彼女が以前に編集した『山姥《やまんば》たちの物語』(北田幸恵共編、学藝書林、二〇〇二年)が送られてきた。手紙には私が『遊動論』で述べた山人論について知っていたら、山姥について、もっと深い考察ができたかもしれない、と書いてあった。が、実は、私のほうでも、彼女の論文から教えられることが多かった。私は山人について論じながら、山姥については考えていなかったからである。

先ずいうと、山姥は山人である。山人にも男女があるのは当然だ。柳田は山人をしばしば山男と呼んでいるが、であれば、山女も山人である。もし平地民が山男に出会って〝天狗〟と思うなら、山女に出会って〝山姥〟と思うだろう。また、山男にも老若あるように、山姥も必ずしも年寄りではなく、若い山姥もいる。ただ、「醜悪の基準をこえた異形の女」(水田)なのである。この点では、山男も同様であり、天狗や妖怪のように見られている。

ところで、柳田は山男について多く書いているが、山女・山姥についてはあまり書いていない。《山姥・山姫は里に住む人々が、もと若干の尊敬をもって付与したる美称であって、あるいはそう呼ばれてもよい不思議なる女性が、かつて諸処の深山にいたことだけは、ほぼ疑いを容れざる日本の現実であった》(「山の人生」『柳田國男全集4』ちくま文庫)。さらに、彼が指摘したのは、山姥の二面性である。一方で、極端に怖ろしく、鬼女と名づくべき暴威を振いながら、他の一方で、折々里に現れて祭を受けまた幸福を授け、数々の平和な思い出をその土地に留めている。

私は、この二面性は山姥が山地民と同様に、平地民に対してアンビヴァレントな感情を抱いているところから来るのではないか、と考えていた。つまり、山姥が平地から山に来た者であり、平地民に愛憎こもごもの感情を抱いているからではないか、と。しかし、山姥は山地民のように見えるとしても、やはり山人である。というより、山地民と異なる山人の特性は、山姥においてこそ明瞭になる。そのことに、私は水田の論文を読んで思い至ったのである。

《多様な山姥像に共通する特徴は、山姥が山に棲む女、より具体的には、里には棲まない、あるいは、棲めない女であるということだ》(「山姥の夢」『山姥たちの物語』)。水田は「山」に対して、「里」だけでなく、「野」を対置する。いいかえると、それは、山姥に対して、里の女だけでなく、野の女を対置することである。

「野」は「里」の周縁にあるが、相互補完的あるいは相互依存的な関係にある。「野はむしろ里のために必要とされる場、里の生活が円満に運営されることを支えもする周縁の場所」である。例えば、遊郭や赤線地帯は「野」である。野の女は、里の周縁領域に生きて、ときには里への侵入者ともなる存在である。里から野に行くことも、野から里に行くこともある。つまり、里の女が野の女となるだけでなく、その逆もある。

一方、山姥は、里の女と異なるだけでなく、野の女とも異なる。山姥は里から離れ、里とはけっして交差しない領域、つまり、「山」に棲む。《里の女は定着する女だが、山姥は移動する女である。山姥は山に棲むが、一所に棲むのではなく、あちこちを自在に動き、里の者にとっては神出鬼没である》(同前)。山姥には、野の女がもつような平地へのアンビヴァレントな感情はない。

こうして、水田宗子は山姥の特異性を、野の女、さらに、西洋の魔女との対比において見出す。野の女は、平地の社会に対して怨恨と愛着をもっている。また、シルヴィア・プラスなどの女性詩人が指摘したように、西洋の魔女は、現実のジェンダー差別社会から出て、それに抵抗し逆転しようとする者である。つまり、野の女も魔女も、平地社会を否定しながら、同時にそれに愛着する。ところが、山姥にはそのような両価的感情がない。山姥は男性的であるというより、ジェンダーを越えているのだ。したがって、山姥はしばしば、男女の区別もできないような、奇怪な異形の者として表象される。

このような山姥と野の女・魔女の対比は、柳田が示した、山人と山地民の対比と類似するものである。というより、山姥と野の女・魔女を比較することによって、山人と山地民の違いも見えてくる。例えば、山姥は里に対して関心がない。関心がないから、冷淡・冷酷なのかといえばそうではない。冷淡・冷酷はむしろ、里に対する愛着から来るのだ。山人・山姥は、平地世界に愛着や憧れをもたないがゆえに、怨恨も敵意もない。

野の女は平地民にとって理解できる範囲にあるが、山姥はまったく理解を超えている。ゆえに、平地民にとって、山姥は最初、鬼や魔女のように表象される。が、そうでないことに気づくと、今度は、山姥がとても優しいと感じる。山姥が二面的に見えるのは、平地民の側の理解にもとづくのである。

ところで、山姥に関する水田の見方は、馬場あき子の『鬼の研究』に依拠している。馬場がいう「鬼」は、平地の社会からの脱落者、反逆者がとる姿である。このイメージは、男女を問わず、古代の説話などに見られるものである。中世の能では、般若の面は、そのような鬼となった女の面である。われわれの文脈でいえば、それは野の女や魔女に対応する。

ところで、馬場は、般若についてさまざまに考察したのち、最後に山姥をもちだした。それは歴史的・民俗学的資料によるものではなく、もっぱら世阿弥の能『山姥』に基づいている。そこでは、山姥は、自ら鬼と名乗るにもかかわらず、般若とはまるで異なる特徴を示す。山姥は、里に対する両価的感情をもたないし、里と交わる必要を特に感じていないのである。山姥のもつ世界観は、《世俗の塵にまみれつつそこよりの脱出と回生を希った悲憤の般若とは、まったくちがう。山姥はながい時間のなかで、ひとつひとつ、生きることに不必要なものを理念のなかから捨て去ってゆく》(『鬼の研究』ちくま文庫)。

しかし、馬場の見方は、山姥に関する民間伝承よりも、世阿弥の見方に、すなわち洗練された文学的把握、あるいは、仏教的な認識にもとづいているというべきである。すると、山姥そのものよりも、それを意味づける世阿弥、ないし般若心経のほうに価値があるということになる。実際、彼女はこう書いている。《能「山姥」の中心をなす思想は、『般若心経』のそれであり、あらゆるものを存在そのものとして認めようとする老荘的な東洋精神でもある》(同前)。

そして、この見方は、鈴木大拙が『山姥』について述べたことにもとづいている。《山姥とは、その恐ろしい姿かたちに反して、至高の愛を与える、自然そのものである》(『続 禅と日本文化』)。

しかし、山姥が山人であると考えるならば、それが平地社会の葛藤あるいはジェンダー差別を越えているという見方は、『般若心経』的な解釈によって生まれたものだとはいえない。山姥=山人は自然にジェンダーを越えている。したがって、それは仏教的認識によるのではない。むしろ仏教的認識こそ、山姥の境地を目指すものだ、といったほうがいい。

水田宗子が指摘したように、山人的なものは、もっぱら文学・文学批評において追求されてきた。それは山人の原遊動性が、経験的な探究を許さないものだからである。しかし、私自身は、「抽象力」(思考実験)によって、この問題に接近できるのではないか、と考えている。

私の考えでは、原遊動民が定住したとき、互酬原理(交換様式A)が形成された。のちに、それは交換様式B(服従と保護)にもとづく国家の下におかれ、また交換様式C(商品交換)のもとに解体されていった。しかし、交換様式BとCが十分に発展した段階、つまり、古代の帝国の時代に、A・B・Cを越える交換様式Dがあらわれたのである。交換様式Dは、いわばAの高次元での回復である。また、それは抑圧された原遊動性の回帰である、といってもよい。それは先ず、普遍宗教としてあらわれた。ここからみると、仏教的認識が山姥の境地を目指すのは、理にかなっているともいえる。

あらためていうと、原遊動性は定住以後に抑圧されるが、消えてしまうわけではない。それは執拗に残る。例えば、山男や山姥は村人の想像物ではない。「現実」なのだ。が、経験的には把握できない。ラカンが「現実界」と呼ぶのは、そのような実在である。柳田が山人は実在すると言い張ったのは、そのような意味においてである。

13　夫婦喧嘩の文化

一九七〇年代の初め頃、新宿駅のホームで二人の男が激しく言い合いをしていたのを見て、アメリカ人の友人が感心していたのを覚えている。ニューヨークであれば、こんなに言い争うなら、どちらかが刺されるか撃たれているだろう、というのである。彼はそこに日本の「文化」を見ていた。しかし、近年、私はそんな喧嘩を日本の街頭で見たことがない。それは九〇年代にはもう無くなっていたと思う。というのは、九〇年代に何度かソウルに行ったとき、街中でしばしば喧嘩を目撃して、昔は日本もこんな感じであったな、と思った記憶があるからだ。

しかし、近年ソウルに行ったときには、繁華街でも一度も喧嘩を目撃しなかった。だから、日本に起こったような変化が韓国でも起こったに違いない、と思う。ただ、この喧嘩に関して、日韓に大きな違いがあることを感じる。例えば、日本で喧嘩はすぐに殴り合いになるが、韓国の喧嘩はあくまで口喧嘩である。それは半ば、野次馬の観衆に向けられている。ゆえに、手を出すことはめったにない。手を出せば、議論に負けたことになるからだ。こうして、口喧嘩が延々と続く。口喧嘩では、主張が論理的で、語彙が豊富でないと、勝てない。腕力に訴えるのは敗北を自認することだ。ゆえに、女性でも喧嘩に勝てる。また、韓国ではひどく罵倒しあっても、つぎの日に会えば互いにけろっとしている。日本ではそうはいかない。ちょっとしたことでも、恨み骨髄、生涯、根にもつ。だから、喧嘩を避けようとする。

喧嘩の仕方のこの違いは、一つには、鎌倉時代以来武家政権であった日本と、高麗王朝で一時武臣政権があったとはいえ、根本的に文官優位が保持されてきたコリアの伝統との違いから来ているといえる。韓国の歴史ドラマを見て印象深いのは、次の点である。高麗・朝鮮王朝では、臣下は王と議論する。臣下は、時には王を激怒させて、追放の憂き目にあうことがあるが、それは儒者として致命的な不名誉ではないし、実際、復帰するチャンスもある。また、朝鮮王朝では、特に英祖の時代に、臣民の「直訴」が奨励された。官僚支配を超えるべく、孟子的な「民本主義」が王によって実行されたのである。

ちなみに、それを論じた原武史の『直訴と王権』（朝日新聞社、一九九六年）は韓国語にもすぐに訳された好著であり、私は本書から、韓国でなぜデモが盛んになされるのかについてヒントを得た。日本でも歴史的に百姓一揆など直訴の例は少なくないが、まれに奏功した場合でも主導的人物（庄屋など）は処刑された。死ぬ覚悟がないと直訴はできない。だから、滅多にしない。それに対して、韓国では実際はどうであれ、直訴にポジティブなイメージが付着しているようである。

また、日本では、主君と臣下は人前で議論しない。たとえ議論があるように見えても、前もって「根回し」されている。臣下の提案も、主君の意見として提示される。武士は口舌の徒であることを軽蔑し、死を賭して実行することが偉いということになっている。武士がいない現在でも、会社や大学でも、上司に対する公然たる批判は嫌われ、回避される。正しい意見でも、「空気」を読んで述べなければならない。

こうして日本では、表向きは喧嘩が避けられる。とはいえ、忘れられているのは、かつて日本には喧嘩が多かったということである。それは争いの種が多かったからではない。特に争う理由もないのに喧嘩をしたのである。私が一九六〇年に大学の寮に入って閉口したのは、宴席でむやみに喧嘩をふっかけてくる奴が多かったことだ。一度喧嘩をしてから仲良くなるというやり方があるのだった。私はそれに慣れていなかったし、以後も慣れなかったが、それが「文化」なのだ、ということは学んだ。そして、喧嘩は、それを見守り且つ仲裁する観衆がいるような場に限られるのだ。

異なる共同体の間では、親密になるためには、一度喧嘩を通さねばならない。それは一種の通過儀礼である。徳川時代の江戸では、各地から来た人たちがよく喧嘩した。火事と喧嘩は江戸の華、といわれたように。彼らはいわば喧嘩を通して、江戸っ子になったのである。そのような喧嘩に割って入り、仲裁するのが町の顔役あるいは親分である。ちなみに、勝海舟の父親、勝小吉は、そのような顔役の一人であった。彼は『夢酔独言』と題する自伝で、二葉亭四迷などよりずっと早く、幕末に見事な言文一致の文を書いた。

韓国のテレビドラマを見始めたとき驚いたのは、王朝時代の直訴だけではなく、現代の夫婦が公衆の前で派手に喧嘩をすることである。比較的近年に見た作品でも、『ママ〜最後の贈りもの〜』にそれがあった。公衆の前で華々しい夫婦喧嘩がなされることは、日本ではありそうもない、と私は考えていた。しかし、柳田によると、そうではないらしい。かつては日本でも、外で公衆に訴える派手な夫婦喧嘩がよくあった。

もっとも、派手な夫婦喧嘩が古代からあったわけではない。おそらくそれは、嫁入婚が一般化した室町時代のころから起こったのだろう。それまでは、妻問い婚ないし婿《むこ》入婚が普通であった。その場合、夫婦が衝突するようになれば、たんに離別すればよかった。夫婦喧嘩は、女が男の家に同居させられるシステムの下で不可避的に生じたのである。柳田はこう書いている。

まだ婚姻制度が昔風だったころは、誰でも夫婦が会ったり別れたりすることを、ごく無造作に考えていたらしい。やがて女が男の家に来ていっしょに暮し、食わせて貰うという習慣が、貴族の家や良家のみに限らず、並の小さい家にも入って行った。例の北斎漫画のころではないかと思うが、そのころから非常に夫婦喧嘩が多くなり、それでいて女房はなかなか出て行かなくなった。

私ども子供の時分でも、ヒイ、フー、ミーと数える代りに、どこでもよくチュウ、チュウ、タコ、カイナというのを、そうもいわないで「夫婦、喧嘩、いつも、長屋、小言」という言葉をつかったものである。これほど夫婦喧嘩が多かったのである。（『故郷七十年』朝日新聞社）

例えば、一六世紀後半に日本に滞在した宣教師ルイス・フロイスは、次のように書いている。

ヨーロッパでは財産は夫婦の間で共有である。日本では各人が自分の分を所有している。時には妻が夫に高利で貸付ける。（第2章30）

ヨーロッパでは、妻を離別することは、罪悪である上に、最大の不名誉である。日本では意のままに幾人でも離別する。妻はそのことによって、名誉も失わないし、また結婚もできる。（同31）

汚れた天性に従って、夫が妻を離別するのが普通である。日本では、しばしば妻が夫を離別する。（同32）

ヨーロッパでは妻は夫の許可が無くては、家から外へ出ない。日本の女性は夫に知らせず、好きな所に行く自由をもっている。（同35）

ヨーロッパでは普通女性が食事を作る。日本では男性がそれを作る。そして貴人《フィダルゴ》たちは料理を作るために厨房に行くことを立派なことだと思っている。（同51）

（『ヨーロッパ文化と日本文化』岩波文庫）

フロイスは宣教師としてあらゆる階層の男女に会ってきたから、以上は特別の階層に限った話ではない。これらを読むと、いたるところから、「夫婦喧嘩」が聞こえてくる感じがする。フロイスが見聞した状態は、徳川時代に儒教的な規律化が進んで消えてしまったようにみえるが、実は「夫婦喧嘩」として残ったのである。それは子供にもわかる「文化」であった。

ところが、このありふれた夫婦喧嘩が明治から大正にかけて急に消えていった、と柳田はいうのだ。もちろん、それが解消されたのではない。その後も家の中では夫婦喧嘩は続いただろうが、公衆の前では秘められるようになったのである。

皆の見ている前で、女房が弱者として世論に訴え、その支援を得るというような形は、今日ではほとんど見られないようになってしまった。私は今も憶えているが、明治の末ごろ、(中略)一人の女が長屋から飛び出して来て、夫婦喧嘩の正邪を長屋の人々に訴えている。もう世間では夫婦喧嘩が目立たなくなったのにと思いながらよく見ると、それは半島人であった。私が最後に見た殺伐な夫婦喧嘩は、幸か不幸か朝鮮人のそれだったのである。(同前)

私が韓国ドラマで見たのは、まさにそのようなものであった。しかし、それは韓国に固有のものではなく、かつて日本にもあったわけである。それは子供らが口ずさむほどありふれていた。

ところが、大正から明治にかけて、「夫婦喧嘩の正邪」を公衆に訴えるような光景がなくなった。おそらくそれは、この時期に平塚雷鳥・伊藤野枝ら「青鞜」派の女性解放運動が広がったことと関連している。しかし、それまでの女性がおとなしく夫に従っていたと見るのはまちがいだ。むしろ外で華々しい夫婦喧嘩ができなくなったような状況において、女性解放運動が始まったのである。

14 歴史意識の古層

丸山眞男は古代からの日本の思想史を考察して、次のように述べた。そこには、さまざまな個別的思想の座標軸を果たすような原理がない、あるものを異端たらしめるような正統もない、外来思想は受容されるが、原理的な対決がないために発展も蓄積もなく、たんに空間的に雑居するだけである、と(『日本の思想』岩波新書、一九六一年)。彼はこのような「伝統」を多くの例を挙げて説明したが、なぜそうなのかをここでは問わなかった。

丸山はのちに、このような日本の思想の「伝統」を、『古事記』の分析を通して、歴史意識の「古層」に見出そうとした。彼はそれを、「なる」「うむ」「つくる」という三つの軸から考えた。世界各地の神話において、宇宙創成を説明する考えは、その三つの型に分けられる。もちろん、現実には、神話で三つの型が単独で存在することはなく、組み合わされているのだが、文化によってその比重が違ってくる。

(イ)　われわれの住む世界と万物は人格的創造者によって一定の目的でつくられた。(ロ)　それは神々の生殖行為でうまれた。(ハ)　それは世界に内在する神秘的な霊力（たとえばメラネシア神話でいうmana）の作用で具現した。（「歴史意識の「古層」」『忠誠と反逆』一九九二年）

(イ)が「つくる」、(ロ)が「うむ」、(ハ)が「なる」にもとづくことはいうまでもない。この場合、両極にあるのは、「つくる」と「なる」である。「うむ」も「つくる」も、主体が必要であるが、「なる」の場合、必要ではない。自然に「なる」のだから。したがって、「つくる」と「なる」が両極を構成し、「うむ」がその中間に浮動する、といってよい。

各地の神話の違いはそこに見出される。「つくる」の磁力が強いところでは、「うむ」が「つくる」に牽引され、「なる」の磁力が強いところでは、「うむ」が「なる」に牽引される。日本の宇宙創成観を規定するのは後者である。古事記では、それは典型的に、イザナギ・イザナミの国うみ神話に示されている。伊耶那岐命《いざなぎのみこと》は、「吾《わ》が身は成り成りて、成り合わぬところ一處あり」といい、伊耶那美命《いざなみのみこと》は、「我が身は成り成りて、成り餘れるところ一處あり」という。「この吾が身の成り餘れる處を、汝が身の成り合わぬ處に刺し塞《ふた》ぎて、國土《くに》生み成さむと思ほすはいかに」というと、伊耶那美命は「しか善けむ」と答えた。

ここでは、「うむ」といっても、根本的には「なる」ものであることが明らかだ。「つくる」という要素がまったく存在しない。一方、中国では、神話および歴史においては、「つくる」の磁力が強い。天あるいは天命が主体である。ゆえに、古事記とは違って、中国の「正史」を意識して漢文体で書かれた日本書紀では、「なる」の発想から遠ざかっているように見える。つまり、「つくる」という発想が出てくるのだ。が、実際には、それらが入り交じっており、根本的に「なる」がすべてに浸透している。つまり、それが歴史意識の古層にある。さらに、丸山はいう。

「なる」が「なりゆく」として固有の歴史範疇に発展するように、「つぎ」は「つぎつぎ」

として固有の歴史範疇を形成する。そうして「なる」と「つぎ」との歴史範疇への発展とともに、両者の間に生まれる親和性をなによりも象徴的に表現するのが、血統の連続的な増殖過程にほかならない。（同前）

「つくる」の磁力が強いところでは、天や超越神のようなものが出てくる。それが永遠の観念をもたらす。一方、「なる」が優位にあるところでは、永遠性は、「つぎつぎとなること」、連続的な無窮性に見出される。《宗教的な超越者にも自然法的普遍者にもなじみにくい日本のカルチュアにおいて、「つぎつぎ」の無窮の連続性は（中略）「万世《よろずよ》」（「万代」とも書く）という表象と結びつくことによって、「永遠者」の観念に代位する役割をいとなんだのであった》（同前）。

古事記はそのような歴史意識を示している。ところで、古事記や日本書紀が書かれたのは、大和朝廷による国家統治の正統性を内外に示すためであった。中国では、正統性は血統だけでなく、治政が天命に即するかどうかにかかっている。異民族の征服者が創った新王朝の正統性も、そこから判断される。つまり、いかなる統治を行うかによって判断される。王朝の史官らは、司馬遷がそうであったように、前代の統治を容赦なく批判した。次の王朝では、彼ら自身が批判されるのを覚悟しつつ。

しかし、日本の場合は、そうではない。統治者の正統性は、それが連続的で無窮であるということにもとづくのである。ただし、この観念が確立されたのはむしろ、大和朝廷による支配が終わったあと、すなわち鎌倉幕府以後である。武力によるだけでは政権は続かない。彼らは武家政権の正統性を、天皇に仕えることに求めた。そのために、万世一系の天皇制の観念が不可欠となったのである。

ところで、私が丸山眞男の考察を今あらためてとりあげるのは、彼が「古層」として論じたことが、先に述べた双系制の問題とつながるのではないか、と考えたからである。父系であれ母系であれ、単系においては、始祖がいる。それは「うむ者」、または「つくる」者がいるということである。ところが、双系制の場合、系統は決定されていない。したがって、誰かが「うむ」や「つくる」のではなく、自然に「なる」というほかない。つまり、双系制が残るところでは、「なる」の磁力が強いということができる。

日本の場合、国家が形成される段階で父権的社会が形成されたものの、双系的なものを濃厚にとどめていた。高群逸枝などは、それを母系制の痕跡とみたのであるが、そうではない。また、双系制は西日本に限られるものでもない。関東の父権的な社会でも、双系制は養子制として残った。そこで重視されたのは、嫡子の系統ではなく、イエとしての連続性・無窮性である。イエでは、父系も母系も可能であり、したがって、養子も許容される。大事なのはイエの存続であるからだ。

丸山もイエを例にとった。《それはやがて摂関・武将の家から、たとえば本願寺「一家衆」、さらには、江戸時代の芸能・工匠・商賈の「家元」にいたるまで一般化する重大な価値意識なのである》(同前)。しかし、この場合、イエが父系にこだわるものでないことに注意すべきである。彼らは誰であれ、能力のある者を養子にしたのだ。日本におけるイエの重視は、むしろ父系制が十分に成立しなかったことから来ているのである。

父系制が確立されたところでは、それに対する反抗として、母系制の観念が生まれた。哲学でいえば、「作為」に対して「生成」の優位が唱えられる。ギリシアにおいてもそうであった。例えば、イオニア哲学が生成、フィシス(自然)を唱え、それに対してプラトンが制作、イデアを唱えた。中国でも、作為を唱える儒教に対して、無為・自然を唱える老荘思想があった。つまり、それらの相克・対決が思想史を織り成してきたのである。

一方、日本における「なる」の優位は、生成の優位に似ているようにみえるが、そうではない。日本では、作為・制作の優位が一度もなかったからだ。本居宣長は、彼のいう「古《いにしえ》」の道」が老荘思想と類似するといわれたとき、それを否定し、老荘も儒教と同じ「漢意《からごころ》」だといった。老荘の思想は、すでに作為が優位にあるところで、それに対抗するという作為である。だが、宣長が見出した「古の道」はそうではなく、自然《じねん》である。つまり、たんに「なる」ことだ。別の観点からいうと、日本の「古の道」は、作為(父系)と生成(母系)の対抗が生じないような「双系制」であったということができる。

あとがき

本書の冒頭で述べたように、私は文学批評から出発したが、一九七三—七四年に、『マルクスその可能性の中心』と『柳田国男試論』という二つの連載評論を書いた。いずれも、文芸評論の延長として書いたものである。しかし、それらの違いは大きかった。『マルクスその可能性の中心』はむしろ文学批評の圏外であり、また、日本に特定されない対象あるいは読者を想定している。一方、『柳田国男試論』は文学批評の延長であり、また、日本という場所あるいは読者を想定している。その後、私が前者の方向に進むにつれて、後者は陰に隠れていった。いいかえれば、私は一九七五年以後、理論的な方向に向かい、文学批評から離れるようになった。特に今世紀に入ってからは、完全に引退してしまった。

しかし、この二つはどうも切り離せないようであった。前者の方向で仕事が一段落したとき、つまり、『世界史の構造』(二〇一〇年)を書き終えたあと、私は急に、柳田国男について考えはじめたのである。それは一つには、二〇一一年に東北大震災があったからだ。だが、別の観点からみれば、それは私の中で、「文学」と「日本」が回帰してきたということなのかもしれない。私は二〇一三年に『遊動論——柳田国男と山人』(文春新書)を書いた。同時に、四〇年間放置してあった『柳田国男試論』(インスクリプト)をそのまま出版した。さらに、柳田の著作のアンソロジー、『「小さきもの」の思想』(文春学藝ライブラリー)を編纂した。

以上によって、積年の問題は片づいた、と思った。が、まもなく私はそれを物足りなく感じ始めた。もっと本格的に論じたい問題があったからだ。そこで、岩波書店の雑誌「図書」に連載エッセイを頼まれた機会に、書き残したことを思いつくまま書いてみたのである。それは断片の集成であって、一冊の本としてまとめられるような性格のものではなかった。岩波書店の島村典行氏からそれを出版するように頼まれたが、そのままでは無理だと思った。かといって、書き足す気にもなれなかった。四〇年前と同様に、このまま放置するほかない、と考えていた。

ところが、柳田論についてほとんど忘れかけたころに、アート・ディレクターの北川フラム氏に依頼されて、柳田について公開対談をした。それがきっかけで、また考え始めた。さらに、丸善ジュンク堂書店から、〝柄谷書店〟を開いてほしいという依頼があり、つい店長役を引き受けてしまった。その結果、講演をすることになったので、柳田の「実験の史学」について話すことにした。実は、すでに「図書」のエッセイの最後の数回で、柳田国男と島崎藤村について書いていたのだが、それを「歴史の実験」という新たな枠組の下に書きあらためて、本書第一部のようなものにしたのである。そして、残りの分は加筆して第二部に収録した、という次第である。

このような過程で、私は『世界史の構造』で論じた諸問題が回帰してくるのを感じた。だから、私はこの本を『世界史の実験』と呼ぶことにしたのである。というわけで、本書の成立には、自分の意志をこえた何かが働いていると感じる。私を支援して下さった皆さん、とりわけ、岩波書店の島村典行さん、丸善ジュンク堂の田口久美子さん、森暁子さんに、心から感謝する。

二〇一八年一二月一日

柄谷行人

柄谷行人

1941年生まれ．思想家．
『定本 柄谷行人文学論集』『定本 柄谷行人集』『力と交換様式』(岩波書店)『哲学の起源』『トランスクリティーク』『定本 日本近代文学の起源』『世界史の構造』『帝国の構造』(岩波現代文庫)『世界共和国へ』『憲法の無意識』(岩波新書)『遊動論』(文春新書)『倫理21』(平凡社ライブラリー)ほか著書多数．

世界史の実験　岩波新書(新赤版)1762

2019年2月20日　第1刷発行
2024年6月14日　第3刷発行

著　者　柄谷行人《からたにこうじん》

発行者　坂本政謙

発行所　株式会社 岩波書店
〒101-8002 東京都千代田区一ツ橋2-5-5
案内 03-5210-4000　営業部 03-5210-4111
https://www.iwanami.co.jp/

新書編集部 03-5210-4054
https://www.iwanami.co.jp/sin/

印刷・理想社　カバー・半七印刷　製本・中永製本

© Kojin Karatani 2019
ISBN 978-4-00-431762-3　Printed in Japan

岩波新書新赤版一〇〇〇点に際して

ひとつの時代が終わったと言われて久しい。だが、その先にいかなる時代を展望するのか、私たちはその輪郭すら描きえていない。二〇世紀から持ち越した課題の多くは、未だ解決の緒を見つけることのできないままであり、二一世紀が新たに招きよせた問題も少なくない。グローバル資本主義の浸透、憎悪の連鎖、暴力の応酬――世界は混沌として深い不安の只中にある。

現代社会においては変化が常態となり、速さと新しさに絶対的な価値が与えられた。消費社会の深化と情報技術の革命は、種々の境界を無くし、人々の生活やコミュニケーションの様式を根底から変容させてきた。ライフスタイルは多様化し、一面では個人の生き方をそれぞれが選びとる時代が始まっている。同時に、新たな格差が生まれ、様々な次元での亀裂や分断が深まっている。社会や歴史に対する意識が揺らぎ、普遍的な理念に対する根本的な懐疑や、現実を変えることへの無力感がひそかに根を張りつつある。そして生きることに誰もが困難を覚える時代が到来している。

しかし、日常生活のそれぞれの場で、自由と民主主義を獲得し実践することを通じて、私たち自身がそうした閉塞を乗り超え、希望の時代の幕開けを告げてゆくことは不可能ではあるまい。そのために、いま求められていること――それは、個と個の間で開かれた対話を積み重ねながら、人間らしく生きることの条件について一人ひとりが粘り強く思考することではないか。その営みの糧となるものが、教養に外ならないと私たちは考える。歴史とは何か、よく生きるとはいかなることか、世界そして人間はどこへ向かうべきなのか――こうした根源的な問いとの格闘が、文化と知の厚みを作り出し、個人と社会を支える基盤としての教養となった。まさにそのような教養への道案内こそ、岩波新書が創刊以来、追求してきたことである。

岩波新書は、日中戦争下の一九三八年一一月に赤版として創刊された。創刊の辞は、道義の精神に則らない日本の行動を憂慮し、批判的精神と良心的行動の欠如を戒めつつ、現代人の現代的教養を刊行の目的とする、と謳っている。以後、青版、黄版、新赤版と装いを改めながら、合計二五〇〇点余りを世に問うてきた。そして、いままた新赤版が一〇〇〇点を迎えたのを機に、人間の理性と良心への信頼を再確認し、それに裏打ちされた文化を培っていく決意を込めて、新しい装丁のもとに再出発したいと思う。一冊一冊から吹き出す新風が一人でも多くの読者の許に届くこと、そして希望ある時代への想像力を豊かにかき立てることを切に願う。

（二〇〇六年四月）

岩波新書より

哲学・思想

アリストテレスの哲学　中畑正志
スピノザ　國分功一郎
哲人たちの人生談義　ストア哲学をよむ　國方栄二
西田幾多郎の哲学　小坂国継
死者と霊性　末木文美士編
道教思想10講　神塚淑子
マックス・ヴェーバー　今野元
新実存主義　マルクス・ガブリエル　廣瀬覚訳
日本思想史　末木文美士
ミシェル・フーコー　慎改康之
ヴァルター・ベンヤミン　柿木伸之
モンテーニュ　人生を旅するための7章　宮下志朗
マキァヴェッリ　鹿子生浩輝
世界史の実験　柄谷行人
ルイ・アルチュセール　市田良彦
異端の時代　森本あんり

ジョン・ロック　加藤節
インド哲学10講　赤松明彦
マルクス 資本論の哲学　熊野純彦
日本文化をよむ　5つのキーワード◆　藤田正勝
中国近代の思想文化史　坂元ひろ子
憲法の無意識　柄谷行人
ホッブズ　リヴァイアサンの哲学者　田中浩
プラトンとの哲学　対話篇をよむ◆　納富信留
〈運ぶヒト〉の人類学　川田順造
哲学の使い方　鷲田清一
ヘーゲルとその時代　権左武志
人類哲学序説　梅原猛
加藤周一　海老坂武
哲学のヒント◆　藤田正勝
空海と日本思想◆　篠原資明
論語入門　井波律子
トクヴィル　現代へのまなざし　富永茂樹
和辻哲郎　熊野純彦

宮本武蔵　魚住孝至
西田幾多郎　藤田正勝
丸山眞男　苅部直
西洋哲学史　近代から現代へ　熊野純彦
西洋哲学史　古代から中世へ　熊野純彦
世界共和国へ　柄谷行人
悪について　中島義道
神、この人間的なもの◆　なだいなだ
近代の労働観　今村仁司
プラトンの哲学　藤沢令夫
術語集Ⅱ　中村雄二郎
マックス・ヴェーバー入門　山之内靖
ハイデガーの思想　木田元
臨床の知とは何か　中村雄二郎
新哲学入門◆　廣松渉
「文明論之概略」を読む　上・中・下　丸山真男
術語集　中村雄二郎
死の思索　松浪信三郎

(2023.7)　◆は品切，電子書籍版あり．　(J1)

岩波新書/最新刊から

2008 同性婚と司法　千葉勝美 著
元最高裁判事の著者が同性婚を認めない法律の違憲性を論じる。日本は同性婚を実現できるか。個人の尊厳の意味を問う注目の一冊。

2009 ジェンダー史10講　姫岡とし子 著
女性史・ジェンダー史は歴史の見方をいかに刷新してきたか――史学史と家族・労働・戦争などのテーマから総合的に論じる入門書。

2010 〈一人前〉と戦後社会 ―対等を求めて―　禹宗杬・沼尻晃伸 著
弱い者が〈一人前〉として、他者と対等にふるまうことで社会を動かしてきた。私たちの原動力を取り戻す方法を歴史のなかに探る。

2011 魔女狩りのヨーロッパ史　池上俊一 著
ヨーロッパ文明が光を放ち始めた一五～一八世紀、魔女狩りという闇が口を開いたのはなぜか。進展著しい研究をふまえ本質に迫る。

2012 ピアノトリオ ―モダンジャズへの入り口―　マイク・モラスキー 著
日本のジャズ界でも人気のピアノトリオ。エヴァンスなどの名盤を取り上げながら、その歴史を紐解き、具体的な魅力、聴き方を語る。

2013 スタートアップとは何か ―経済活性化への処方箋―　加藤雅俊 著
経済活性化への期待を担うスタートアップ。アカデミックな知見に基づきその実態を見定め、「挑戦者」への適切な支援を考える。

2014 罪を犯した人々を支える ―刑事司法と福祉のはざまで―　藤原正範 著
「凶悪な犯罪者」からはほど遠い、社会復帰のために支援を必要とするリアルな姿。司法と福祉の溝を社会はどう乗り越えるのか。

2015 日本語と漢字 ―正書法がないことばの歴史―　今野真二 著
漢字は単なる文字であることを超えて、日本語に影響を与えつづけてきた。さまざまなかたちから探る、「変わらないもの」の歴史。

(2024.5)